江苏省高校哲学社会科学重点研究基地基金资助
江苏省品牌专业专项资金资助

汉字国学

解正明◎著

吉林文史出版社

图书在版编目（CIP）数据

汉字国学 / 解正明著 . —长春：吉林文史出版社，
2018.12

ISBN 978-7-5472-5728-9

Ⅰ.①汉… Ⅱ.①解… Ⅲ.①汉字—研究 Ⅳ.
①H12

中国版本图书馆 CIP 数据核字（2018）第 267282 号

汉字国学
HANZI GUOXUE

著　　者 / 解正明
策划编辑 / 王　炜
责任编辑 / 王明智
封面设计 / 人文在线
出版发行 / 吉林文史出版社
地　　址 / 长春市人民大街 4646 号　　　　邮　　编 / 130021
网　　址 / www.jlws.com.cn
电　　话 / 0431—86037501
印　　刷 / 北京市金星印务有限公司
开　　本 / 710mm×1000mm　　　　16 开
字　　数 / 150 千字
印　　张 / 9
版　　次 / 2019 年 2 月第 1 版　　　　2019 年 2 月第 1 次印刷
书　　号 / ISBN 978-7-5472-5728-9
定　　价 / 35.00 元

序

　　《汉字国学》这本书，以解正明先生已经发表的几篇论文、已经出版的学术专著的少数章节，以及给研究生授课的讲稿为基础补充修订而成。支撑一部学术专著的是一系列富有逻辑性的创新观点、创新方法和新的材料。我看完这本书的初稿，觉得其中一些创新观点值得推荐。这本书中运用了最新的语义密钥理论，分析文字的象征性，并对传统的六书造字法进行重新的阐释。我特别感兴趣的是文字的三种象征关系，字形义和字义的区分，以及假借的类型。可以说，"字形义"和"字形音"这一对概念，具有重要的学术意义。解先生根据文献材料，提出了"用字法假借"和"造字法假借"，这也是一个不小的突破。在古文字的识读部分，解先生运用学术界最新的研究成果，对一些古文字进行了重新解释。比如，解先生推测，己，不是许慎说的"像人腹"，而是像人的胸部和腹部上下两个部分，扪心自问，指自"己"。吉，向上之言为"吉"。这些都是符合人类的认知心理逻辑的。但书中存在一些不足：没有穷尽地列出《说文解字》的转注字，也没有列举出更多的"造字法假借"的例字。总之，瑕不掩瑜。我还是非常欣赏这本书，尤其是其中对传统六书的挑战性研究及其取得的实质性成果。

　　就整体而言，解正明先生的《汉字国学》是一本好书，应予出版。祝《汉字国学》出版成功！

赵宗法

2018 年 8 月于安徽大学文学院

目　录

第一章 汉字语义密钥论

语言是大脑信息代谢外溢的组合。语义密钥理论的研究对象是书面语语义信息的象征性。书面语的象征性是指文字符号各要素和语言之间的规约语义关系，其载体是相关的语义密钥。比如，"帝"，甲骨文字形是東，是一个象形字，语义密钥是"亠"（ｖ），根据郑樵的说法，像一个花蒂。"帝""花蒂""天帝""皇帝""禘祭"之间的关系如下：

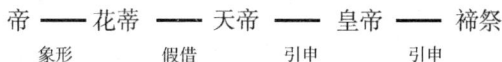

帝 —— 花蒂 —— 天帝 —— 皇帝 —— 禘祭
　象形　　　假借　　　引申　　　引申

图 1-1　"帝""花蒂""天帝""皇帝""禘祭"的关系

但是，甲骨文中"帝"没有"花蒂"之意。徐中舒主编的《甲骨文字典》认为"帝"是"禘之初文"，"像架木或束木燔以祭天之形"，字义发展线索是"祭天—天帝—商王"。根据人与自然的最初关系，我们支持郑樵的观点。人类对花的认识肯定早于祭天的行为。

汉字是表意文字。汉字的字形本身也具有意义和语音。譬如，"尾"的字形义是人体长着一根尾巴，字义是尾巴。字形音是"尸（shī）""毛（máo）"。字音是 wěi。字形义和字义之间，字形音和字音之间都存在象征关系。汉字的部首、偏旁、部件甚至笔画都是汉语书面语的语义密钥，具有语义象征性。

第一节　汉字的象征要素

字形、字体和字型、字元，有时被统称为字。但它们实际上是有区别的。字形是指个别字元的形体、外形、写法。字体即书体，是具有共同形体风格的文字类型，按照历史风格区分，汉字有甲骨文、金文、篆、隶、草、楷、行等七种字体。按照个人风格，汉字书体有颜（真卿）体、欧

（欧阳询）体、柳（公权）体等等。字型是指具有同一基本设计字形图像的集合。在计算机领域，字型是指字体文件即字库。字元是符号集里的一个符号或一组符号中的一个符号。比如，村和邨是两个字元、一个字种。

文字符号的能指是字形，所指是字音和字义。就三要素而言，字音和字义是由语义和语义派生出来的要素，即语音和语义。字形是文字特有的要素。字形具有自己的字形义和字形音。文字存在三种象征关系：能指和所指的象征关系（即字形与×之间的象征关系），字形义和字义之间的象征关系，字形音和字音之间的象征关系。文字的三要素字形、字音、字义并不在同一个层级。由图 1-2 可知，字形是一个跨层概念。对于语义和语音而言，它是一级能指。对于字形义和字形音而言，它是二级能指。因此，字形是一个跨层级的文字因素。作为一个跨层概念，"字形"理所当然地成为文字学的核心要素。这表现在：字形不仅与语音语义相对应，而且还有自己的音和义。许慎正是从汉字的字形入手，提出六书理论和部首理论的。

在不同的文字体系里，与"字形"对应的要素×（如图 1-2 所示），并不相同。这是文字的第一种象征关系。在汉字体系里，与"字形"对应的要素是语素，因此，汉字被认为是语素文字。在英语体系里，与"字形"对应的要素是词，因此，英文被认为是表词文字。

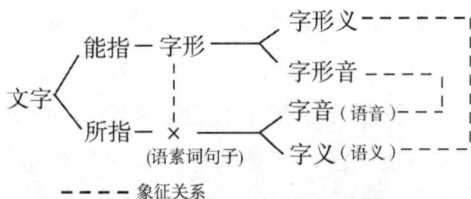

图 1-2　文字的三种象征关系

字形义和字义之间也是象征关系。字形义只有一个，字义可以有多个。譬如，"休"的字形义是"人依木"，而字义是休息，二者之间是象征关系。再如"正"，字形义是"走向城邑"，字义是征伐，进一步假借为正直。"正"的字形义和字义之间是象征关系。汉字是表意文字，字形义和字义之间的象征关系较为明显。

汉字的字形音和字音之间的象征关系很复杂。"休"的字形音"人（rén）"和"木（mù）"，跟"休"的字音"（xiū）"之间，表面上看毫无关系，事实上，没有部件"人"和"木"，"休"这个字整个儿便不存在，更别说"休"的字音了。也就是说，"休"的字形音"人（rén）""木（mù）"与"休"的字音"（xiū）"之间的关系不是直接的语音关系，而是生存关系。"正"的字形音和字音是基本一致的，但我们不能说它们完全是同一个东西，因为字音是反映这个字所记录的那个口语语音，字形音是由字形部件笔画而联想到的语音。字音只有一个层级，而字形音是多层级的。比如"意"的字音是（yì），字形音有五种：意（yì）、音（yīn）、心（xīn）、立（lì）、日（rì）。这些音不在同一个层级。我们把汉字的字形音和字音之间的所有关系都看作是象征关系。

第二节　一般造字法和特殊造字法

班固很早就意识到汉字的象征关系。他在《汉书·艺文志》把六书命名为象形、象事、象意、象声、转注和假借。简单地说，这里的"象"，即象征也。部首和笔画是汉字象征关系的主要体现者。就汉字而言，六书造字法就是基于部首和笔画的语义密钥性的造字法。换句话说，没有部首和笔画的语义密钥性，就没有汉字的造字法。六书是书写中枢信息外溢的六种重要机制。

自从戴震提出"四体二用"以后，六书的同一性思想被打乱了。人们无所适从。"四体二用"之说破坏了六书理论的同一性，但也给我们一个重要启示，六书内部是不平衡的。这是戴震的主要贡献。我们认为，六书造字法分为两组：一般造字法和特殊造字法。我们把六书分为一般造字法和特殊造字法，返璞归真，回归了六书的基本概貌，即六书是完整的造字法系统。象形、指事、会意和形声是一般造字法，造出新的整字，使汉字的数量有绝对的增加。假借和转注是特殊造字法。

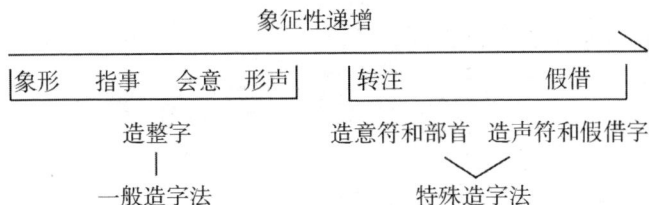

象征性递增 ⟶

象形　指事　会意　形声	转注	假借
造整字	造意符和部首	造声符和假借字
一般造字法	特殊造字法	

图 1-3　两类造字法

一、一般造字法

戴震所说的"四体"是：象形造字法、指事造字法、会意造字法和形声造字法，是书写中枢信息外溢的类型化机制。"四体"是一般造字法，造新字。

（一）象形造字法

我们要区分象形和象形字。使用象形造字法，不一定都是象形字。比如"王"，甲骨文是象形造字法，像兵器，但文献未见到这个用法，因此，"王"一开始就是一个假借字。下文提到的"父""我"也是这样。"父""我""王"，从字形看，是象形造字法，从语音和语义看，都是假借造字法。由字通词，就语言而言，音义是主要因素，因此，它们都是假借字，而不是象形字。

象形有四种具体的象征方式，产生四种象形造字法。

1. 纯体象形造字法。人类，如人女子首目面又止丿 丬 兂 囜 皿 囝 乀 巴；自然类，如日月泉雨云申田行丘山火 日 朙 壘 爾 弓 弖 囲 伃 岀 屾；动物类，如牛羊马豕犬象虎鸟佳燕鱼兔鹿它贝肉角 半 罕 罿 豸 戋 彲 鳥 魚 鴌 鹿 巴 囝 卩 肖；植物类，如木禾中不（柎的初文）来麦米桑 朩 禾 屮 朿 夲 岤 屮 栄 桼 带；生活类，如户门衣斗升曾豆皿酉鼎干今午辛 日 阴 仐 料 㽅 罟 豆 乀 酉 鼻 竿 广 仐 平。

2. 增体象形造字法。例如：尾舞眉须尿屎冒血聿因牢 覀 覀 罾 罔 厃 尐 罔 罔 尶 罜 罚。

3. 减体象形造字法。例如：乌片子 鳥 爿 旱。

4. 变体象形造字法。例如：臣逆尸 曽 逆 尸。

甲骨文的象形字，涉及范围很广，天物、人物、鬼怪、器用、服饰、山川、井邑、草木、鸟兽、虫鱼等。

日　月　气　晕　晶

山　丘　石　火　水

川　州　灾　泉　谷

雨　雷　田　云　土

父　母　儿　女　子

人　身　老　大　页

天　妾　若　立　交

鬼　臣　舌　齿　眉

目　自　首

虎　鹿　鸟　鸡　角

风　贝　马　兔　犬

龙　龟　鱼　象　牛

图 1-4 象形字

（二）指事造字法

指事字的"指"是标识的意思。"事"指的是抽象概念。因此，可以简单地说，指事字具有标识性和抽象性。《说文解字》中谈到指事：指事者，视而可识，察而见意，上下是也。视而可识，是指一眼可以看出字的标识符号。识，是标识。察而见意，是指仔细观察可以知道这个字的意义。甲骨文的指事字有两种方法，使用纯抽象的符号，如上下；在象形字上增加特定的指示符号，如亦本朱末。指事字和象形字都是独体字，容易混淆。象形字字形描绘的大多是实体事物，而指事字字形所指示的大多是抽象的概念意义。会意字是合体字，与指事字也有混淆的情况。指事字是在象形字的基础上加一个指示符号，这个指示符号表示某个固定部位或某种特定的意义，例如"刃"的指示符号是"、"，表示刀刃所在位置，是指事字。"旦"不是"日"与"一"部件组合出新的意义，而是指示日出的情态，因此，"旦"不是会意字，而是指事字。目前，一般把指事字分为三类：独体指事字、合体指事字和变体指事字。

指事有两种具体的象征方式，产生两种指事造字法。

1. 纯符号指事造字法。例如：上、下、丨、厶、一、二、三、四、五、六、七、八、九、十、乙、乛、卜、ㄅ、二、三、亖、乂、介、十、八、九、丨。

2. 象形指事造字法。例如：朱、甘、刃、亦、凶、母、彭、耒、曰、勺、矢、冘、史、彭。

在指事与象形、会意、形声混淆不清的情况下，朱骏声的分析是合适的。朱骏声在《说文通训定声》里把指事字分为：纯指事字和兼类指事字。纯指事字有：一、二、三、四、五、六、七、八、九、十、上、下、示、王、小、干、工、厶、入、丨、丿、土、也，等等。象形兼指事有：刃、办、齐、韭、中、正、屯、才、毛、兀、夫、立、巾、不、至、龙、血、甘、本、末、朱、且、曰、月、尺、尾、梧、民、父、尹、旦、继、丑、戍、夕、片、非、乏、幻、币、巳，等等。会意兼指事有：世、葬、或、乍、亟、恒、亘、司、抑、丸，等等。形声兼指事有：音、宜、氏，等等。

一	天	上	下	示
三	王	丨	中	屯
少	小	八	牟	止
叉	爪	十	只	言
尹	工	卜	交	刃
甘	曰	乃	兮	乎
入	高	京	朱	才

之　出　生　丰　禾

旦　夕　克　七　凶

甲　乙　丙　丑　午

四　五　六　九　母

至　西　土　尸　欠

图 1-5　指事字

（三）会意字

会意有五种具体的象征方式，产生五种会意造字法。

1. 描摹式会意造字法。例如：牢即既夹 。

2. 偏正式会意造字法。例如：雀赤美 。

3. 施受式会意造字法。例如：逐牧羞只典相印及射男 。

4. 借喻式会意造字法。例如：望见企 。

5. 重叠式会意造字法。例如：林炎友晶齐 。

常见的会意字如下：

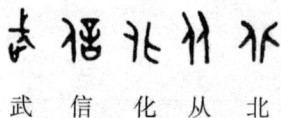

武　信　化　从　北

并　妻　安　妥　韦

名　各　先　孙　后

休　伐　即　既　卿

及　生　正　雀　立

春　灰　广　爲（为）朝

局　光　司　叵　乏

图 1-6　会意字

（四）形声造字法

形声有九种具体的象征方式，产生了九种形声造字法：

1. 象形类形声造字法。在象形字的基础上增加声符或意符而得。例如：

齿　蒂　鳳（凤）　鷄（鸡）

2. 指事类形声造字法。在指事字的基础上增加声符或意符而得。例如：

创　株　肱　腋

3. 会意类形声造字法。在会意字的基础上增加声符或意符而得。例如：

玦　俘　狩　浴

4. 多形类形声造字法。有两个以上的形符（即意符），是多形字。例如：

9

宝 奉 逆 追 春 莫

5. 多声类形声造字法。有两个以上的声符，是多声字。例如：

窃 祥

6. 省形类形声造字法。形符省略了一部分，是省形字。例如：

星 考 商

7. 省声类形声造字法。声符省略了一部分，是省声字。例如：

家 鲜 省 夜 岛

8. 换形类形声造字法。形符有变换，是换形字。例如：

咏 婢 牢

9. 换声类形声造字法。声符有变换，是换声字。例如：

缶 保 畐 泉 鲜 延 戋

宝 　　　　　　　　线

二、特殊造字法

特殊造字法包括戴震所说的"二用"：转注和假借。特殊造字法造出了形声字的形旁和声旁以及特殊的汉字，即转注字和假借字。

许慎在研究形声字之后，发现：形声字的意符和声符都具有象征意义。汉字的义符最初是独立的汉字，作为部件后，形体有了变化。因此，从广义上讲，形声字的所有义符都需要对应着一个转注字。例如，现代汉语里，"艹"用作义符后，它的转注字是"草"。"亻"用作义符后，它的转注字是"人"。"牜"用作义符后，它的转注字是"牛"。"扌"用作义符后，它的转注字是"手"。"氵"用作义符后，它的转注字是"水"。"讠"用作义符后，它的转注字是"言"。汉字的声符，最初也都是一个汉字。就汉语语音而言，形声字的任何一个声符，都是假借而来的。可见，转注和假借也都是十分重要的造字法。相对而言，转注字则是转注造字法的特有现象，假借字则是假借造字法的特有现象。

（一）转注造字法

广义的转注造字法是指造出汉字形声字的所有意符。比如，"去"，在"回去"里是一个字，在"法"里是一个意符。意符"去"和单字"去"的字形有区别，二者的关系是转注关系。单字"去"是意符"去"的转注字。再如，"金"是"钅"的转注字。"病"是"疒"的转注字。"火"是"灬"的转注字。转注是汉语书写中枢信息外溢的积极部件化机制。先有转注字，后有部首。

狭义的转注造字法与《说文解字》及其部首密切相关。部首是许慎文字学的最具独创性的贡献。许慎发现了部首，自然就要为部首找一个合适的解释。他认为，如果一个汉字被用作部首，字形发生了变化，那么，在它统属的汉字里，可能存在与之同义的另一个字。这个字就是部首的转注字。狭义的转注造字法，就是造部首。理论上，《说文解字》应该可以有540个转注字。但是事实上，有的部首并没有转注字，有的部首有多个转注字。转注字是部首的必然对应物，还是一种偶合？这是千百年来转注字引起争议的根本原因。不过，无论如何，转注字是客观存在的。这也是许慎继部首之后的又一个重要发现。但是事实上，有的部首并没有转注字，有的部首有多个转注字。用作部首的那个汉字就是转注字。

按照许慎的定义，"转注者，建类一首，同意相受，考、老是也"，确定"转注"的标准有三个：

标准一："建类一首"（给数个类似的字造出一部首）。

标准二："同意相受"（转注字和部首同义）。

标准三：转注字必须是部首所统属的（"考"是部首"老"所统属的）。

历来的语言学家对"转注"的分析很不一致。

最宽泛的"转注"是朱骏声《说文通训定声》里认定的"转注"。朱氏改许慎定义和例字为"转注者，体不改造，引义相受，令长是也"，完全离开了上述的三个标准。较为宽泛的"转注"是段玉裁在《说文解字注》里认定的"转注"。他只按照标准二"同意相受"进行选择，把同一部首或不同部首中可互训的字都称为转注字，例如"议"和"论"是同部首的转注字，"绊（马罼也）"和"罼（马绊也）"是不同部首的转注字。这种理解偏离许慎的本意，错误也明显。貌似严谨的"转注"思想是周秉钧在《古汉字纲要》里认定的"转注"。他看到了标准一和标准二，认为："'转注'有两个条件：一是部首相同，二是同义相注。"他没有看到"老"和"考"所隐含的标准三，不考虑转注字必须是部首所统属的。这种理解也是错误的。例如：

语，论也。

论，议也。

议，语也。

柱，楹也。

楹，柱也。

显然，这些仍然是训诂学常见的"同部互训"，不能与"转注"混淆。

合理分析的是，把标准一、标准二、标准三综合起来看，部首所统属的与部首同义的字称为转注字。简言之，"转注"就是两个汉字之间的结构和语义关系。

例如：

"一"的转注字是"元"。

"上"的转注字是"帝"。

"示"的转注字是"神"。

"王"的转注字是"皇"。

"玉"的转注字是"璿"。

"士"的转注字是"壻"。

"丨"的转注字是"中"。

"屮"的转注字是"屯"。

"八"的转注字是"分"。

"走"的转注字是"趋"。

"是"的转注字是"媞"。

"老"的转注字是"考"。

"舟"的转注字是"船"。

"至"的转注字是"到"。

"自"的转注字是"鼻"。

"口"的转注字是"嘴"。

"夕"的转注字是"夜"。

"产"的转注字是"生"。

"木"的转注字是"树"。

"贝"的转注字是"货"。

上述一部分转注字，《说文解字》给出的相关释义如下：

八，别也。／分，别也。

走，趋也。／趋，走也。

是，直也。／媞，是也。

老，考也。／考，老也

舟，船也。／船，舟也。

至，鸟飞从高至地也。／到，至也。

自，鼻也。象鼻形。／鼻，引气自也。从自。

口，人所以言食也。象形。／嘴，口也。

夕，莫也。从月半见。／舍也。天下休舍也。从夕，亦省声。

产，生也。从生，彦省声。／生，进也。象艸木生出土上。

木，冒也。冒地而生。东方之行。／树，生植之总名。从木尌声。

贝，介虫也。居陆名猋，在水名蜬。象形。／货，财也。从贝化声。

转注字的确认，必须依据《说文解字》，因为转注字是《说文解字》提出来的。例如，在《说文解字》里，"一"是部首，部首"一"所统属的"元"是它的转注字。因此，"一月"也叫作"元月"。但是，正月的"正"不在部首"一"所统属的汉字以内，因而也就不能算是"一"的转注字。

（二）假借

可以肯定的是，所有人名、地名用字都是假借字。因此，假借字的数量超过我们的意料。我们要区分用字法假借和造字法假借。许慎说："六曰假借，假借者，本无其字，依声托事，令长是也。"这个定义，用字法假借和造字法假借皆适用。假借是汉语书写中枢信息外溢的消极部件化机制。

1. 用字假借。假借，借的是什么呢？字音、字形、字义，都可以借。用字法假借有三种：

（1）语音假借。语音假借，只借字音，是由"依声托事"得出的假借类型，是由同音词引起的。广义的同音词包括同音、同部、近部、双声、近声等。

```
     ┌ 黄色的鸟（本义）
焉  ─┤
     └ 语气词（假借义）

     ┌ 芋（本义）
莒  ─┤
     └ 莒国（假借义）

     ┌ 口（本义）
喙  ─┤
     └ 困极（假借义）

     ┌ 暮（本义）
莫  ─┤
     └ 否定词（假借义）

     ┌ 黄莺（本义）
离  ─┤
     └ 离开（假借义）

     ┌ 橐（本义）
东  ─┤
     └ 东方（假借义）

     ┌ 瓦制乐器（本义）
南  ─┤
     └ 南方（假借义）

     ┌ 鸟巢（本义）
西  ─┤
     └ 西方（假借义）

     ┌ 违（本义）
北  ─┤
     └ 北方（假借义）

     ┌ 鼻子（本义）
自  ─┤
     └ 自己（假借义）

     ┌ 颊毛（本义）
而  ─┤
     └ 连词（假借义）
```

五 〈 束丝交五（本义）
数字五（假借义）

七 〈 切（本义）
数字七（假借义）

六 〈 棚舍（本义）
数字六（假借义）

八 〈 分别（本义）
数字八（假借义）

九 〈 鈎（钩，本义）
数字九（假借义）

黄 〈 璜（本义）
黄色（假借义）

余 〈 房舍（本义）
我（假借义）

其 〈 簸箕（本义）
他（假借义）

求 〈 裘（本义）
干求（假借义）

弗 〈 矫正箭干（本义）
否定词（假借义）

益 〈 溢出（本义）
利益（假借义）

叟 〈 人持炬（本义）
老人（假借义）

永 〈 泳（本义）
永远（假借义）

前 〈 湔洗足（本义）
前进（假借义）

然 〈 燃（本义）
形容词词尾（假借义）

钱 ⟨ 古农具（本义）
　　　金钱（假借义）

旧 ⟨ 猫头鹰（本义）
　　　新旧（假借义）

它 ⟨ 蛇（本义）
　　　代词（假借义）

乌 ⟨ 鸣（本义）
　　　乌有（假借义）

采 ⟨ 采摘（本义）
　　　色彩（假借义）

甡 ⟨ 众多（本义）
　　　诜、侁、駪（骁）、莘（假借义）

鎗（枪）⟨ 钟声（本义）
　　　　　将（假借义）

绥 ⟨ 車（车）中把（本义）
　　　　葰（假借义）

蘻（藬）⟨ 茈草（本义）
　　　　　眇（假借义）

踬 ⟨ 被绊倒（本义）
　　　　疐（假借义）

苑 ⟨ 所以养禽兽（本义）
　　　蕰（假借义）

垫 ⟨ 蹀（本义）
　　　喋（假借义）

果 ⟨ 木实（本义）
　　　果断（假借义）

匡 ⟨ 饭器（本义）
　　　匡正（假借义）

燕 ⟨ 玄鸟（本义）
　　　宴安（假借义）

涅 < 塞（本义）
     忿（假借义）

薶（迂）< 草（本义）
          款（假借义）

瞒 < 平目（本义）
     欺谩（假借义）

（2）引申假借。引申假借，借字音、字义和字形，是"令长"例证得出的假借类型，是由词义的转喻或隐喻引起的。

茂 < 草木盛（本义）
     懋（假借义）

要 < 腰（本义）
     中间（假借义）

令 < 口令（本义）
     县令（假借义）

长 < 人的长发（本义）
     发长（假借义）

眩 < 目无常主（本义）
     幻（假借义）

逆 < 迎（本义）
     顺逆（假借义）

殖 < 膏久（本义）
     财货多积（假借义）

颣（类）< 犬相似（本义）
          相似（假借义）

竺 < 厚（本义）
     笃（假借义）

奭 < 盛（本义）
     赫（假借义）

冯 < 马行疾（本义）
     溯（假借义）

17

沈 ⟨ 陵上滴水（本义）
　　 湛（假借义）

蚤 ⟨ 搔（本义）
　　 叉（假借义）

狃 ⟨ 犬性忕（本义）
　　 忕习（假借义）

闇（闇）⟨ 闭门（本义）
　　　　 幽暗（假借义）

强 ⟨ 弓有力（本义）
　　 强大、强迫（假借义）

（3）字形假借。借部件，是由汉字部件的组配功能引起的，字形假借是许慎定义没有提到的假借类型。字形假借有的是部件的语音假借，有的是部件的引申假借。"丂"假借为"玫"时，容易误以为是转注字。但是，"丂"的本义和"玫"的本义不一致，因而，它们不可能是转注关系，仍然是假借关系。

屮 ⟨ 草木初生（本义）
　　 艸（假借义）

丂 ⟨ 气欲舒出（本义）
　　 巧（假借义）

臤 ⟨ 竖（本义）
　　 贤（贤，假借义）

哥 ⟨ 兄（本义）
　　 歌（假借义）

诐 ⟨ 偏颇（本义）
　　 颇（假借义）

莠 ⟨ 禾粟下生（本义）
　　 秀（假借义）

错 ⟨ 金涂（本义）
　　 措、厝、迳（假借义）

辟 ⟨ 法（本义）
　　 僻、避、譬、闢（辟）、壁、襞（假借义）

罄 < 器中空（本义）
磬（假借义）

閔（闵）< 神（本义）
祕（假借义）

鎗（枪）< 钟声（本义）
鶬（鸧，假借义）

諒 < 为事有不善之言（本义）
亮、谅、涼（凉）（假借义）

红 < 帛赤白色（本义）
杠（假借义）

颠 < 头顶（本义）
蹎（假借义）

锡 < 金属（本义）
赐予（假借义）

肇 < 始（本义）
肁（假借义）

考 < 老（本义）
攷（考）（假借义）

昨 < 隔一宵（本义）
酢（假借义）

蘱 < 痤（本义）
埋（假借义）

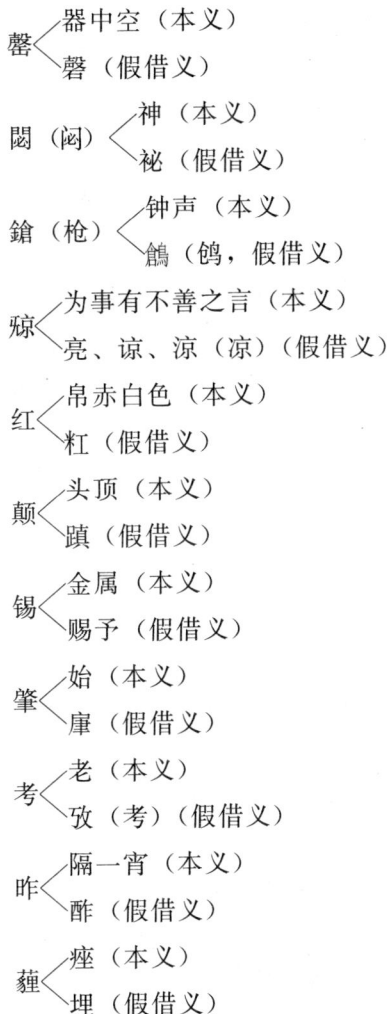

2. 造字法假借。假借不仅是一种用字法，也是一种造字法。

广义的假借造字法是指所有的声符都是假借得来的。声符是汉字形声字的表音部件，也称声旁。组成形声字的两个部分，表示字的读音的部件叫声旁（也叫音符）。例如"材"字，从木，才声。但是，"才"本来是一个汉字，是有自己的字义的。在"材"这个字里，"材"是假借为声旁的。汉字的形声字的声旁都是假借来的。假借是非常重要的造字法。再如"方"是"放"声旁的假借本字。"工"是"空"声旁的假借本字。"门"是"文"声旁的假借本字。如果我们说"方"是"放"声旁、"工"是"空"声旁、"门"是"文"声旁，显然这是不够严谨的。

狭义的假借造字法是指假借也可以造出新的整字。《六书通》里的"元"有一个字形是●，假借圆形来表示"元"。《金文编》里的"元"有一个字形是🐒，假借猿猴来表示"元"，符合"本无其字，依声托事"的原则。这才是真正的造字法性质的假借。再如："父"，甲骨文字形是🔨，由斧头形状假借而得。郭沫若认为，"父"乃"斧"之初字，但他不知"父"是直接假借而得。"元"和"父"都是基于象形的假借字，因而，假借不是基本的造字法，而是基于一般造字法的特殊造字法。再如，"🏹（我）"，象形，像兵器，但它不是象形字，🏹从来没有作为兵器的意义在文献里存在过。因此，"我"是一个造字法意义的假借字。总之，●（元）、🐒（元）、🔨（父）、🏹（我）的字形和字音不是自己的，是借别的词的，它们才是造字法意义上的假借字。

这里还需要讨论的问题是：针对🔨，先为"斧"而造，还是先为"父"而造？前者是象形字，后者是造字法意义的假借字。根据文献，🔨最初的意义就是父，不是斧头。因而，🔨（父）是造字法意义的假借字。🔨只是象形，像斧头的形，但不是象形字。另外有人根据新疆呼图壁县的刻画，认为"父"是手持勃起男根的形象，是一个象形字。

图 1-7　新疆呼图壁县的生殖刻画

第二章　汉字的语义密钥群

对于表意体系的汉字，我们只有辨认出它的的语义密钥，才能真正理解它。反之，我们也可以根据汉语词，推知汉字的语义密钥。汉字的语义密钥主要是部件和笔画。"人"类语义密钥群、"手"类语义密钥群、"足"类语义密钥群是汉语三大常见的语义密钥群。

第一节　部件语义密钥群

部件的语义密钥性质较为明显。例如，"支""枝""肢"三个字都有部件"支"。在先秦两汉的文字里，它们也确实经常混用，组成一个语义密钥群。同一个义场的部件构成不同的汉字，组成部件语义密钥群。部件语义密钥群还具有类指功能。部件是六书象征关系的主要体现者。

一、"人"类语义密钥群

"人"类部件主要有亻、人、儿、大、匕、卩、勹、尸。从现行规范汉字看，它们都是不同的部件。亻，古代部件居于左中右，现代部件居于左：伊、依、保、伐、佃、侵、似、佗、休。人，古代部件居于上中，现代部件居于上：企、夆、介。儿，居于下：先、光、兔。大，人的正面，居于中上：亦、夹、奔、奭、天。匕，反人，"牝"居左右：牝、此、妣、比。卩，人的坐形：即、卲、配、卬、卷。勹，人曲形：句、匍、旬、匀、匊。尸，人卧形：尾、屄、居、犀。

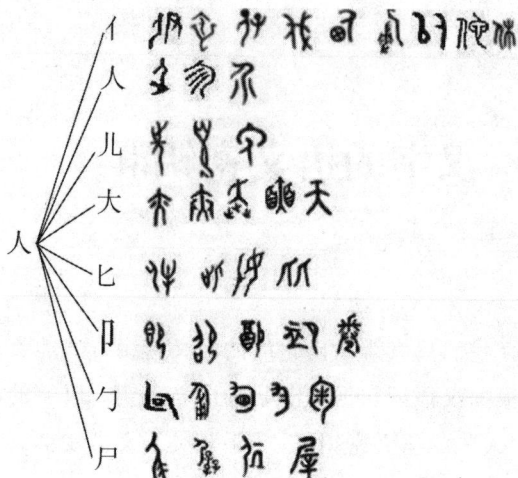

二、"心"类和"肉"类的语义密钥群

从现行规范汉字来看,"心"类部件分为三种:1. "心"居于下:念、慈、忘、志、志、悲、息、感。2. "忄"居于左:恒、惕、恃、悒、悰。3. "小"居于下:慕、恭。

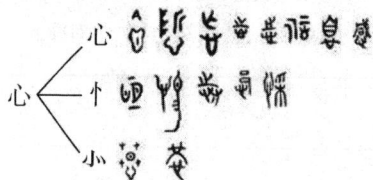

从古文字形体看,"肉"类的部件有四种位置:上、中、下、左。肉:脔、膏、胤、豚、臂、肯、脽、腹、胫。

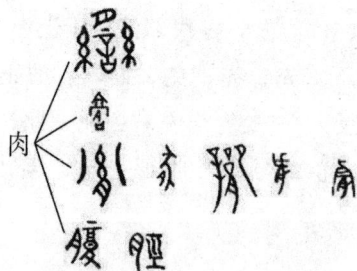

三、"手"类语义密钥群

"手"类部件主要有七种:又、殳、力、爪、爫、支、殳。这七种部

22

件表示手的不同动作或功能。

（1）又，表示单手，在现代汉字里，分化为四种。又：取、叔、皮、只、燮。寸：尃、对、封、寺。扌：挖、扶、拍、播、招。彐：秉、君、隶、兼。

（2）**収**，表示拱手，分化为两个部件。六：兴、共、兵、與、具。廾：舁、戒、弄、弇。

（3）力，表示人手的筋形：男、加、勋、劲、勤。

（4）爪，表示手抓物形：爯、受、觅、奚、孚、为、爰、乎、至。

（5）𠬞，表示手捧形：樊、樊、樊。

（6）攴，手击形：牧、败、效、孜、赦、敢、改、攻、启。

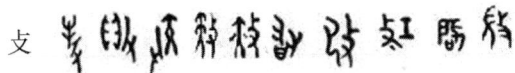

（7）殳，表示手持杖形：殷、殷、殷、段、毆、毁、毅。

四、"足"类语义密钥群

"足"类部件主要有六种部首：止、足、疋、夂、走、辵、彳。

（1）止，表脚趾：出、步、此、齿、步、归。

止

（2）足，人的脚：路、距、趺、跖。疋：是、胥、楚。

足

（3）夂：各、各、夆、复、夒、夏、爱。

夂

（4）走，表人甩手奔跑：趋、趙、超、趄、起、趣。

走

（5）辵，彳加止，都是走，不是乍行乍止：迆、边、造、道、进、返、迢、巡、迓、进。

辵

（6）彳，小步走：德、後、待、復、得。

彳

第二节　笔画语义密钥群

笔画的语义密钥较为隐晦。比如，根据"元"的字形史 和"天"的字形史 ，我们认为，"元"和"天"都是象形字，它们的本义都跟人头有关，但是，就目前的字形来看，"元"用两横"二"强化人头特征，而"天"用单一笔画"一"表示人头。

笔画语义密钥存在于单个的汉字里。"元"的第一、第二笔画和"天"的第一笔画，构成一个语义密钥群。笔画语义密钥具有确指功能。

1. 木类笔画语义密钥群

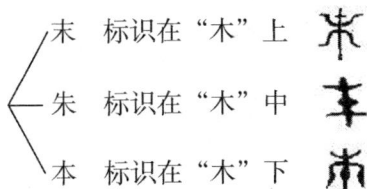

　末　标识在"木"上

　朱　标识在"木"中

　本　标识在"木"下

2. 刀类笔画语义密钥群

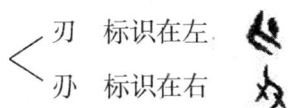

　刀　标识在左

　刃　标识在右

3. 头类笔画语义密钥群

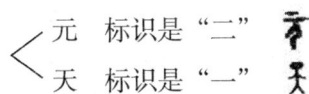

　元　标识是"二"

　天　标识是"一"

4. 鼓类笔画语义密钥群

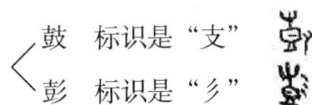

　鼓　标识是"支"

　彭　标识是"彡"

5. 口类笔画语义密钥群

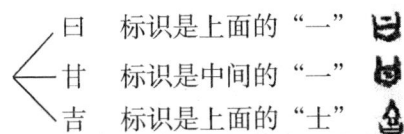

　曰　标识是上面的"一"

　甘　标识是中间的"一"

　吉　标识是上面的"士"

6. 凶类笔画语义密钥群

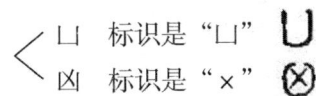

　凵　标识是"凵"

　凶　标识是"×"

7. 母类笔画语义密钥群

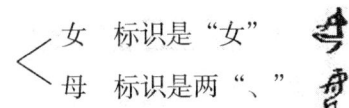

　女　标识是"女"

　母　标识是两"、"

第三章　甲骨文

甲骨文和金文是汉语最早的书面语系统。甲骨文刻写在龟甲兽骨上，像是龟甲兽骨上的裂纹。金文刻写在青铜上，像是青铜器上的裂纹。《说文解字序》说："文者，物象之本。"甲骨文和金文的取名，都符合"物象之本"的说法。因而，二者都名之曰"文"。甲骨文是遵循六书造字法的成熟文字。隶定是指把甲骨文等隶书以前的古文字按照其原有结构转写成现代汉字的过程。商周甲骨文，已隶定甲骨文 2219 个。按许慎《说文解字》六书分类，甲骨文分为六种文字：象形字、指事字、会意字、形声字、转注字、假借字。

第一节　甲骨文的成熟和不成熟

现代汉字即由甲骨文经过漫长演变而来。甲骨文的卜辞由前辞、命辞、占辞、验辞等四个部分构成。

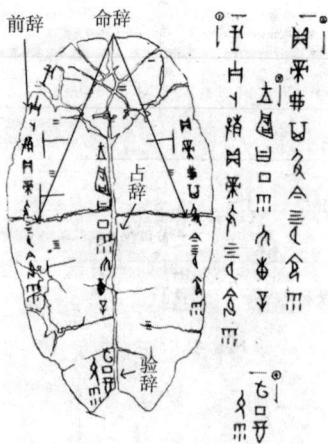

图 3-1　甲骨文的卜辞

前辞：戊子卜，殼贞。命辞：帝及四月令雨？帝弗其及今四月令雨？占辞：王占曰。丁雨，不惟辛。验辞：旬丁酉，允雨。纪数字：一二三三。

甲骨文是汉语书面语中最早的语义密钥。甲骨文是我国现存最古老的成熟的文字体系。这是甲骨文最重要的特点。甲骨文的成熟表现在五个方面：具备六书造字规律；具备笔画、部件、整字三级结构单位；字与字之间存在结构上的关联性；字数较多；记录的文献丰富。甲骨文形体瘦硬；象形程度高；形体的定型化程度不高；文本经常出现合文现象，例如十五、五十、七十、八十、二百、五百、二牛、下雨、祖乙、武丁、一卤、三十万、五十朋等；少数字形混同，例如女和母同形，尸和东同形，交、矢、寅同形，从和比同形；少数字形体近似。简言之，成熟是甲骨文的主要特点，不成熟是甲骨文的次要特点。甲骨文是中国古文字的博大精深的源头。

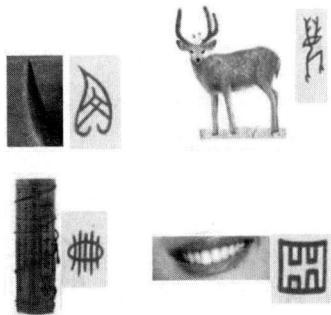

图 3-2　角、鹿、册、齿的象形程度

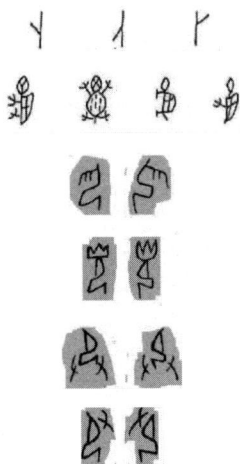

图 3-3　卜、龟、巴、光、承、尻的方向不固定

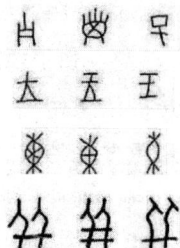

图 3-4 子、王、东、从的不同字形

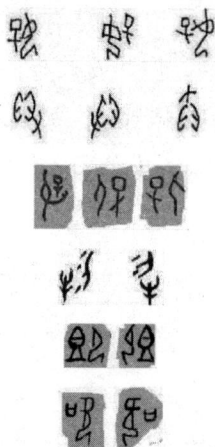

图 3-5 好、得、保、物、即、吹的部位变化

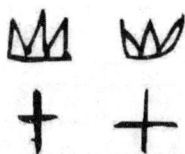

图 3-6 山火、十甲的字形混同

（十五）

（五十）

（七十）

（八十）

（二百）

（五百）

（二牛）

（小雨）

（祖乙）

（武丁）

（武王）

（一卤）

（三千）

（三十万）

（五十朋）

图 3-7　甲骨文里的常见合文

图 3-8　考、老、长的形体近似

第二节　甲骨文的多体字

多体字是指有多个字形的汉字。异体字是一个字的正体之外的写法，是不规范的字形。多体字和异体字是有区别的。甲骨文里多体字的应用，并无规范与不规范之分。比如，"安"的甲骨文　　　　，哪一个是规范的，哪一个是不规范的？文献没有证据说清楚。多体字各形体的差异在于：部件不同、部位不同、笔形不同、方向不同、笔画布局不同。多体字形体多样化的条件是，至少有一个共同的要素作为各形体的共性。这个共性要素是由字义和字音决定的。各形体的差异性是受书写材料、地理风物、风俗观念诸多因素影响。常见的多体字如下：

安						
巴						
般						
雹						
宝						
保						
豹						
匕						
畀						
敝						
辟						
兵						
丙						
并						
亳						
不						
娥						
洱						

二　二　二

才　十　十

采　采　采

仓　仓　仓　仓　仓

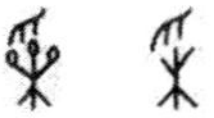

叉　彐　彐

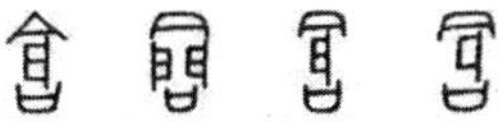

朝　朝　朝　朝　朝

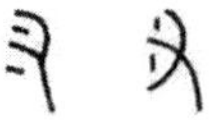

车　车　车　车　车　车

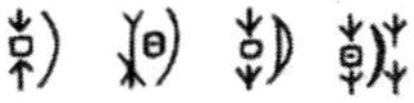

辰　辰　辰　辰　辰　辰

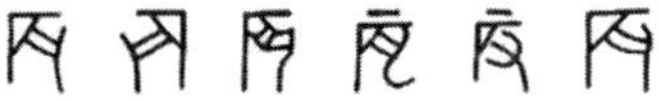

呈　呈　呈　呈　呈

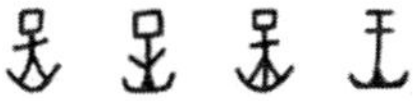

齿　齿　齿　齿　齿

赤　赤　赤

春　春　春　春

虫　虫　虫

丑　丑　丑　丑　丑

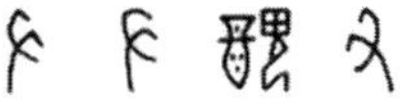

出　出　出

刍　刍　刍

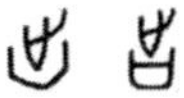

此　此　此　此　此

束　束　束　束　束　束　束　束　束

吹　吹　吹

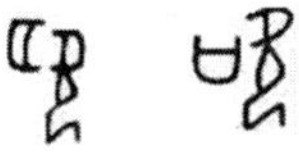

琮　琮　琮

长　长　长

大

带

单

旦

刀

帝

典

奠

丁

鼎

东

冬

斗

豆

剡

督

多

伐

匸

方

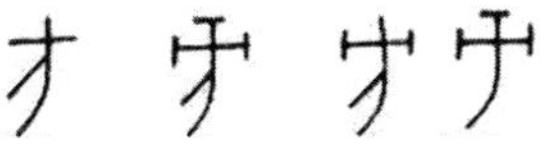

非

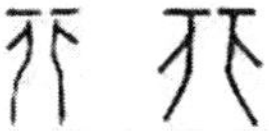

焚

丰

风

封

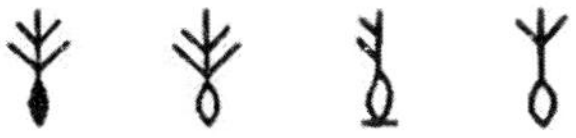

峰

福

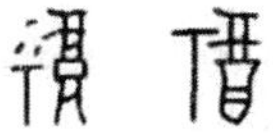

斧

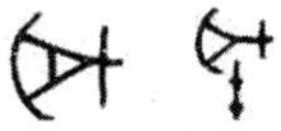

父

妇

阜

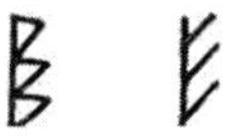

富

腹

凤

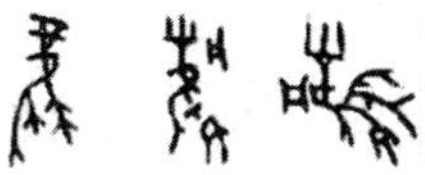

刚

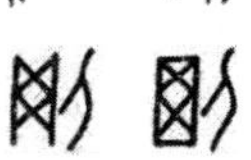

膏

士

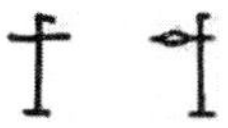

鬲

格

工

肱

遘

鬼

何

亥

蒿

禾

蛊

雇

贯

盥

庚

合

妖

穌

宏

壶

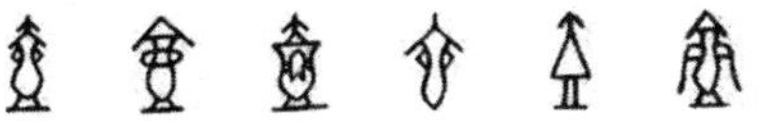

虎

萑

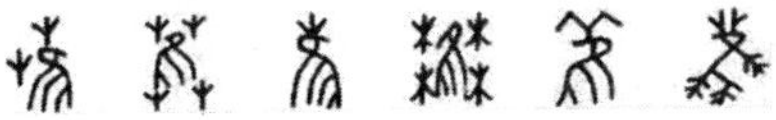

黄

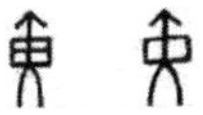

昏

火

鸡

姬

箕

即

疾

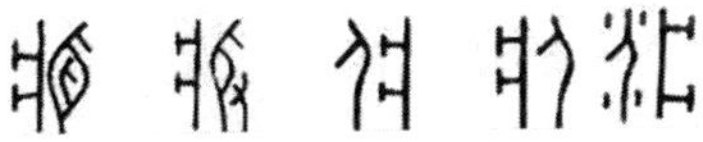

耤

己

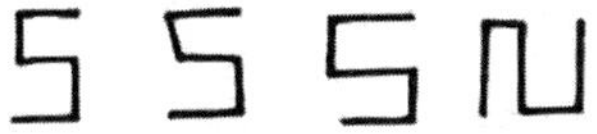

旡

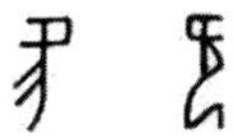

季

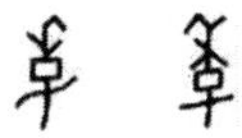

既

夹

家

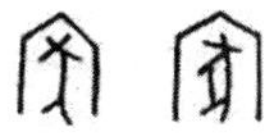

豭

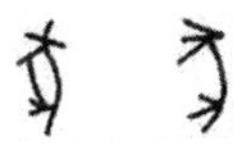

京 㑞 㑞 㑞 㑞
晶 𣊠 𣊠 𣊠 𣊠
竟 𥪰 𥪰 𥪰 𥪰 竟
九 𠃚 𠃚 九 九
克 克 克 克
叩 叩 叩
卢 田 囪 㽙 㽙 㽙 㽙
鹿 𢉖 𢉖 𢉖 𢉖
来 来 来
老 𦒱 𦒱 𦒱 𦒱 𦒱 𦒱
雷 雷 雷 雷 雷
利 利 利 利 利
良 良 良 良 良
六 六 六 六 六
龙 龙 龙 龙
咙 咙 咙 咙 咙
泷 泷 泷
霾 霾 霾
买 买 买

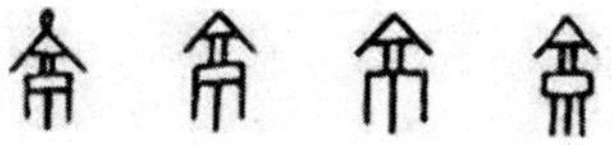

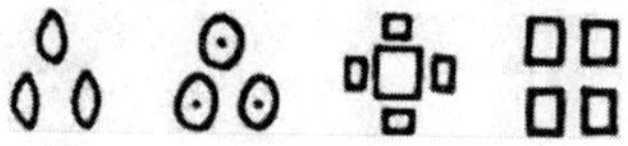

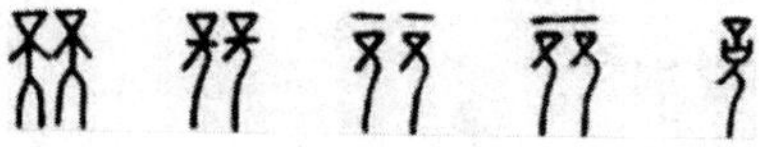

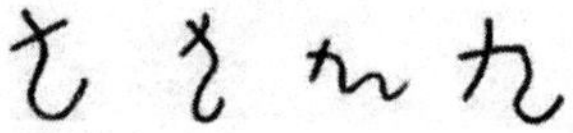

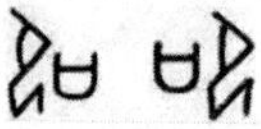

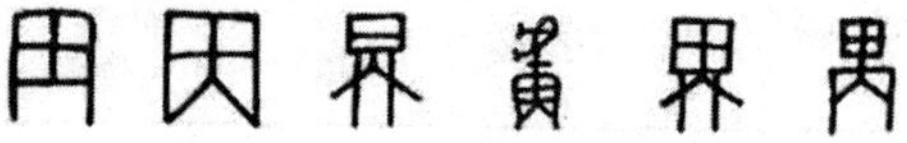

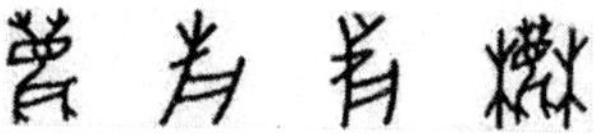

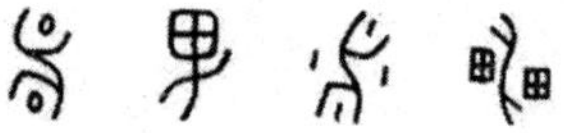

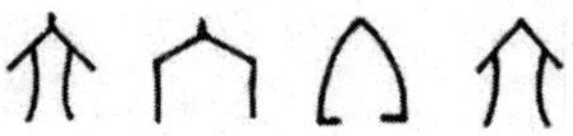

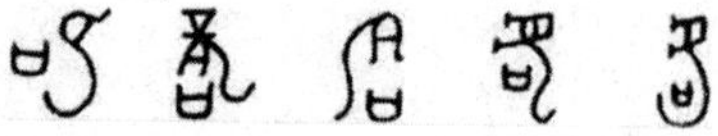

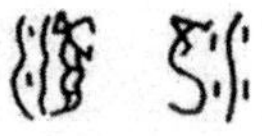

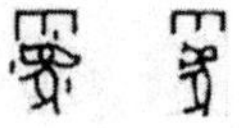

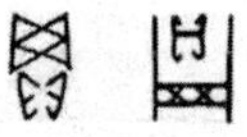

麦

潢

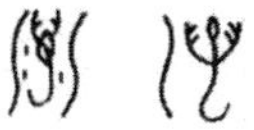

莽

卯

枚

眉

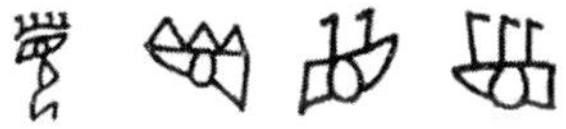

湄

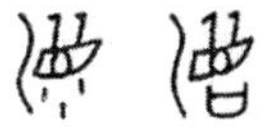

每

美

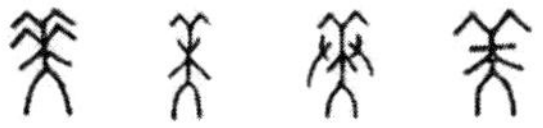

妹

门

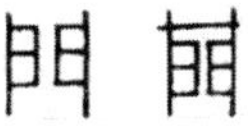

梦

米

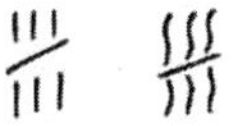

宓

黾

面

蔑

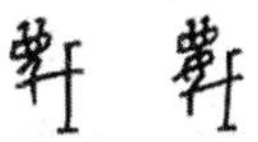

名

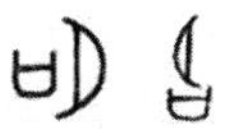

冥

莫　𦰩 𦳝 𦱤 𦱤 𦳤 𦳤 𦳤 𦳤

穆　𥝐 𥝋

乃　𥪝 𥪝 𥪝 𠄎

芮　𦱦 𦱦 𦱧

奈　𣎵 𣎵

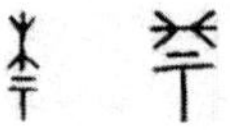

男　𤰔 𤰔

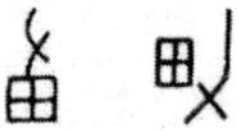

南　𡴍 𡴍

猱　𤞤 𤞦

逆　𨒦 𨒦 𨒦

鸟　𪆗 𪆗 𪆗 𪆗 𪆗 𪆗

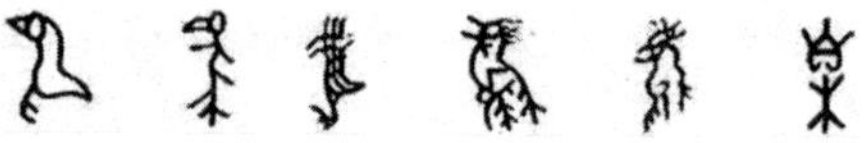

孼　𠬝 𠬝 𠬝

宁　𡨄 𠄔 𠄔

牛　𠂒 𠂒

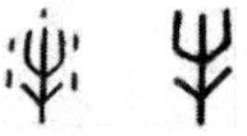

杞　𣏥 𣏥 𣏥

欠　𣨛 𣨛

羌　𦍋 𦍋 𦍋 𦍋 𦍋

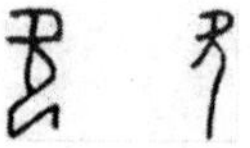

秦　𥝆 𥝆

佣　𠈳 𠈳

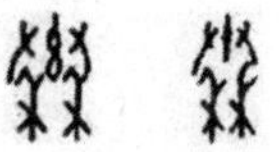

38

品

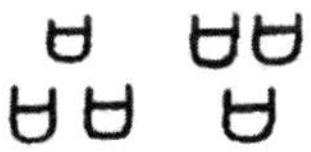

七

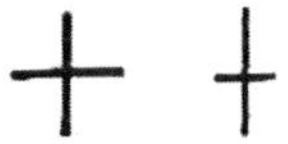

戚

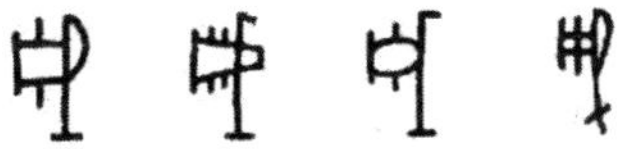

夒

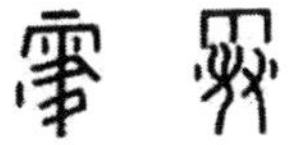

齐

骑

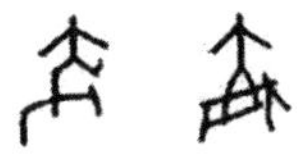

庆

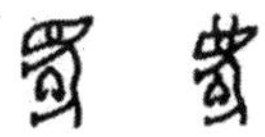

磬

丘

曲

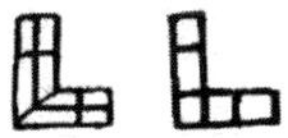

刖

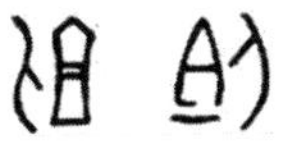

泉

冉

瀼

壬

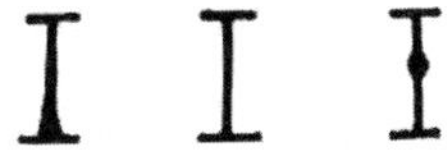

任

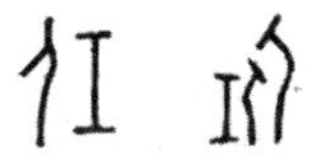

妊

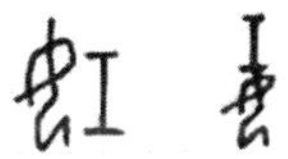

肉					
如					
桑					
三					
丧					
啬					
森					
商					
舌					
射					
涉					
申					
声					
圣					
石					
食					
史					

矢

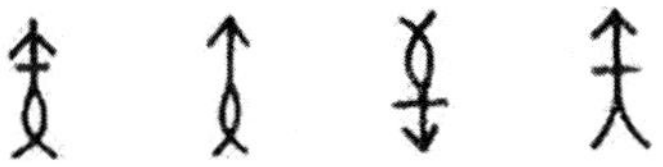

豕

示

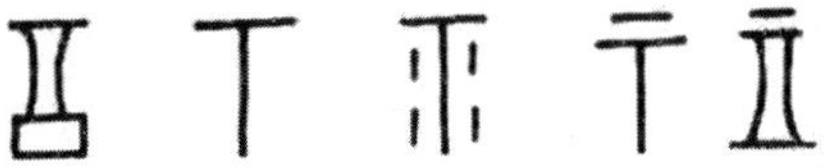

奭

首

它

唐

天

田

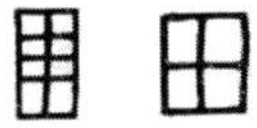

童

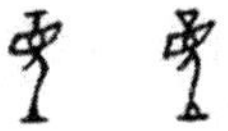

土

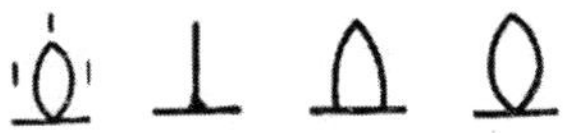

豚

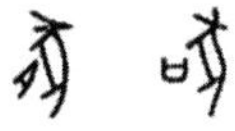

毛

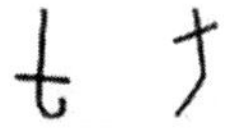

橐

黿

妥

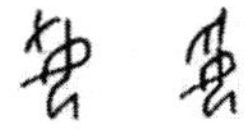

万

王

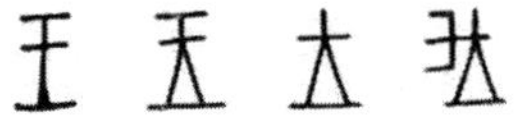

网

望

危

为

韦

未

文

问

我

娷

五

午

武

舞

兀

勿

戊

夕

兮

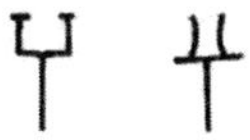

西

析

奚

系

先

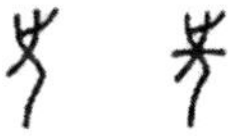

陷

羡

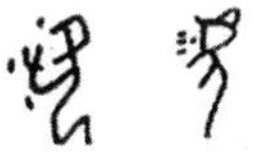

献

乡

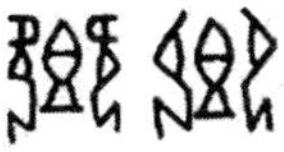

襄

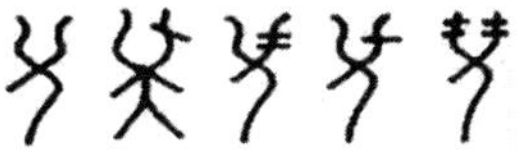

象

效

劦

心

辛

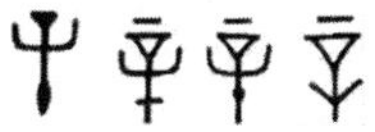

兴

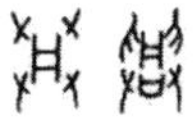

星

姓 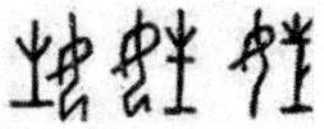

凶 

戌 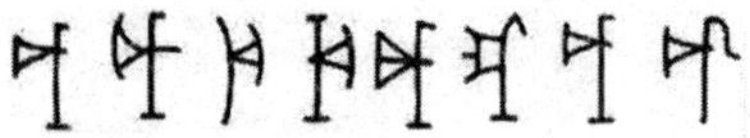

须 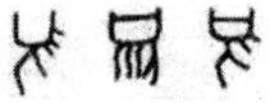

疋 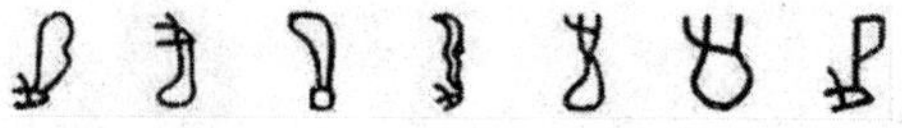

甗 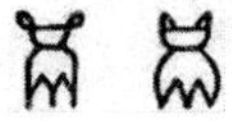

言 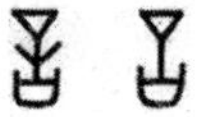

燕 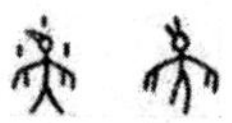

央 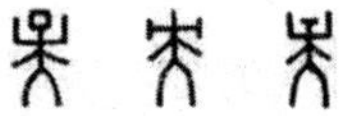

羊 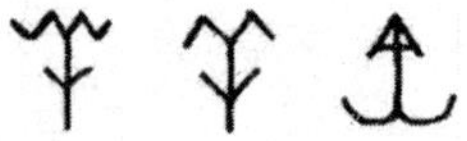

恙 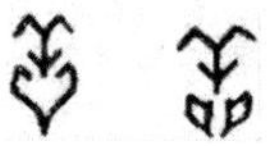

夭 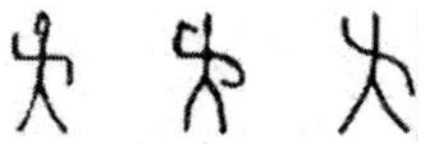

尧 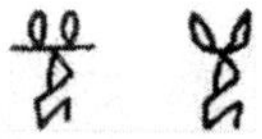

嚥 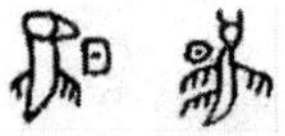

页 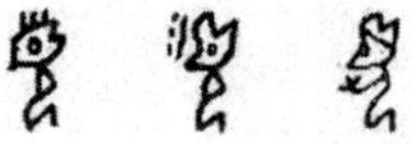

匜 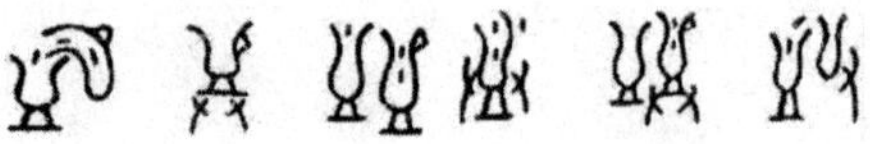

宜 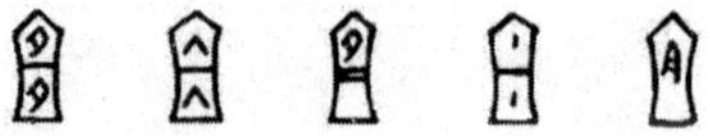

乙 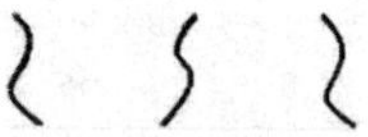

以 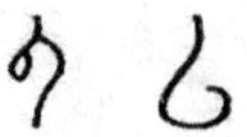

亦	夨	夵
异	界	界
邑	吕	⺹
益	益	蚩
翊	栢	蚰
翌	明	甲
因	茶	茶

寅	寅	寅	寅	寅	↑
饮	𩝝	𩝝	𩝝	𩝝	
印	印	印			
雍	吕	中	中	中	
雝	雀	雀	雀	雀	
永	永	永	永	永	永
用	用	用			
攸	攸	攸			
幽	幽	幽			
友	友	友			
圅	圅	圅	圅		
酉	酉	酉	酉	酉	酉	酉	酉

于		
盂		
芋		
渔		
舣		
羽		
雨		
玉		
郁		
毓		
智		
元		
月		
戊		
岳		
龠		
云		
孕		
宰		

曾　𤔔 𤔔 𤔔

折　𣂤 𣂤

砭　𤕻 𤕻

者　𤉡 𤉡 𤉡 𤉡

贞　𤰔 𤰔 𤰔 𤰔

姃　𤕻 𤕻

戠　𤕻 可 𤕻 可

执　𤕻 𤕻 𤕻 𤕻 𤕻 𤕻 𤕻 𤕻

只　𤕻 𤕻

嵩　𤕻 𤕻 𤕻 𤕻

巍　𤕻 𤕻 𤕻

鹰　𤕻 𤕻

雉　𤕻 𤕻 𤕻 𤕻

蹇　𤕻 𤕻 𤕻 𤕻 𤕻 𤕻 𤕻

对甲骨文的研究，至少有五个环节：获得甲骨、著录、考释、考证、学术拓展。甲骨文所用的材料有牛骨、猪骨、羊骨、象骨、人髑骨、龟甲等。占卜是由"贞人"主持的。占卜之前，他们先要进行修治卜甲、卜骨的工作，即在选好的龟的背甲、腹甲或牛（少数为羊、猪）的肩胛骨的背面，用铜钻钻出一个圆坑，再贴着圆坑用铜凿凿出一个枣核形的长槽。在一块卜甲或卜骨上面，也可以修治出许多这样的坑槽，供多次占卜之用。占卜的时候，贞人先要将卜问的事祷告鬼神，然后用微火灼烤钻凿处，卜甲、卜骨的正面就会循着钻凿疤痕出现一竖一横像"卜"字的裂纹，这种裂纹叫"兆"。贞人就根据得到的兆形判断所卜问事情的吉凶。占卜之后，还要把这次占卜的有关情况记录在兆纹旁边，这些记录占卜的文字叫作"卜辞"。这些卜辞是契刻在占卜用的龟甲、兽骨上的，所以又称为"甲骨卜辞"，今人从文字的角度研究它，则称之为"甲骨文"。在商王朝灭亡时，这些甲骨也被丢弃，被掩埋在商都城的废墟——殷墟之中了。直到三千多年以后的清朝光绪年间，才又被世人发现。从目前对甲骨文的研究来看，甲骨卜辞中的单字有近五千个，其中已经辨识了的单字有一千多个，约占总数的四分之一。甲骨文都是卜辞，这就限制了它的使用范围，换句话说，甲骨卜辞中的文字，只是涉及需要占卜的事项的有关文字，而不是商代文字的全部，商代的文字比起甲骨文中的单字来，还要丰富得多。这样多的单字，不可能是短时间内创造出来的，而是经过相当长时间的发展积累起来的。因此，甲骨文不是中国最早的文字，在它之前一定还有一个相当长的文字草创时期。甲骨文的构字方式也比较复杂，汉代人许慎所说的"六书"，即象形、会意、形声、指事、转注、假借六种造字方法，在甲骨文中都可以找到例子，其中又以象形、会意、形声、假借四类为多。汉字的造字，首先是由描绘实物形状的象形字开始的，在此基础上才有了其他几种造字方法。甲骨文中具备各种造字方法，即表明它已经经过了较长的发展过程。古代文字的发展还有一条规律，即由象形字转化为形声字，甲骨文中形声字的大量存在，也是文字比较成熟的一个标志。

第三节　商代甲骨文

　　商代甲骨文发现的数量最多。商代甲骨文结体上虽然大小不一，笔形变化大，布局错综，但已具有对称、稳定的基本格局。中国的书法，就是由商代甲骨文开始的，因为商代甲骨文不仅已经具备书法的三个要素即用笔、结字、章法，还因为多体字繁多，字形不固定而显得更有艺术性。

《古贞》释文：甲寅卜，古贞：帚妌受黍年。参证："帚"，会意，假借为"妇"。帚妌即妇妌，商王后。

《般贞》释文：丁酉卜，般贞。今春王登入五千征土方，受之佑。参证：甲骨文的"千"是 $\textbf{千}$ ，"七"是 $\textbf{十}$ 。据此，"千"从人千声，是一个形声字。

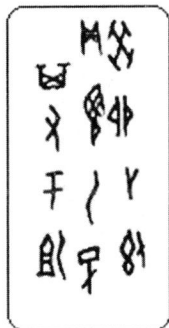

《即贞》释文：癸卯卜，即贞。翌乙巳其右于祖乙。参证："祖乙"是合文。"祖"，象形，"俎"的初文，假借为"祖"。

《祖丁》释文：贞，勿之于祖丁。贞，之于祖丁。参证：贞，从卜，鼎省声。甲骨文“”，象形，鼎，假借为“贞”。

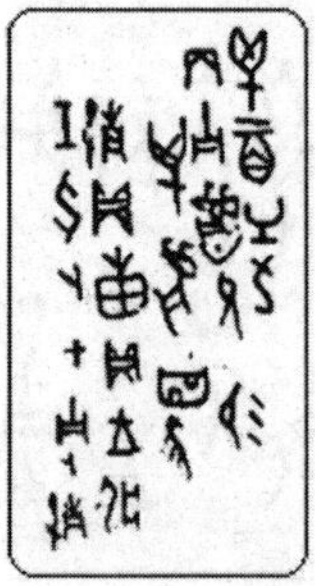

《㱿贞》释文：壬申卜，㱿贞，叀毕麋。丙子穽麋，允毕二百之九。甲子卜，㱿贞，王疾齿，隹易。参证：申，象形，“电”的初文，假借为地支“申”。

《即贞》释文：乙卯卜，即贞，王宾后祖乙、父丁。岁，亡尤。参证：，象形，假借为“父”。

《上甲》释文：癸卯王卜。贞，酉翌日，自一田至多后，衣亡𦳒，自
𭶏，在九月，隹王五。参证：𧼍，象形，鸟，隹，"亻"是增笔，假借为
"唯"。"衣"假借为"殷"。

《尹贞》释文：戊子卜，尹贞，王宾大戊，𦓐日。参证：𠂤，从又从
丿，引路。

《中丁》释文：癸丑卜，贞，王宾中丁奭妣癸，彡日，亡尤。贞。王
宾叙，亡尤。癸，象形，古代用于测量方向的器具，假借为天干癸。甲乙
属春天，丙丁属夏天，庚辛属秋天，壬癸属冬天。戊己属全年。

《宾贞》释文：庚子卜，宾贞，勿登人千三，乎工方，弗受之右
（佑）。己亥卜，争贞，勿乎依享高。参证："工"在甲骨文里是一个多体
字，字形有𠀆等。结合上下文，把这里的𠀆隶定为"工"。

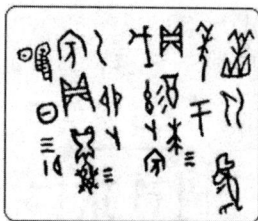

《宾贞》释文：乙卯卜，宾贞，鼋龟翌日，十三月。戊子卜，宾贞，酒求年与岳、河、夔。参证：夔，古代神话里的一足怪。假借为地名，巴渝境内。

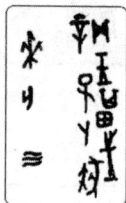

《狄贞》释文：辛巳卜，狄贞，王其田，往来，亡灾。参证：狄是甲骨文第五期廪辛时期的贞人的名。贞人，商吏官名，掌占卜。贞人之名常被用作甲骨卜辞分期的重要标准。宾、争、古、品、充、永、亘、内、韦、共、扫、努、即、我等常见的贞人。"我"，古兵器，假借为姓氏，再引申为自谓。甲骨文分期的目的是寻找时代特点，依据包括世系、称谓、贞人、卜事、文例、字形。

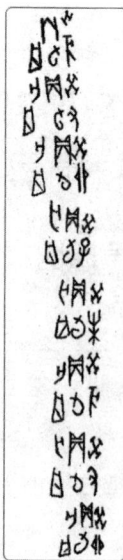

《旬亡祸》释文：癸卯贞，旬亡祸。癸丑贞，旬亡祸。癸亥贞，旬亡祸。癸未贞，旬亡祸。癸巳贞，旬亡祸。癸卯贞，旬亡祸。癸丑贞，旬亡祸。癸亥贞，旬亡祸。参证："旬亡祸"的意思是以后十天有没有灾祸。以前隶定为田，现在隶定为"祸"。

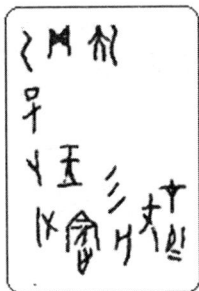

《尹贞》释文：乙巳卜，尹贞，王宾大乙彡，亡尤，才十二月。殷人祭祖有彡、羽、胁三种。常见的祭品是六畜，即牛、马、羊、鸡、犬、豕。后来，人祭的人牲有人、艮、仆、执、妻、妾、女、母、卻等。

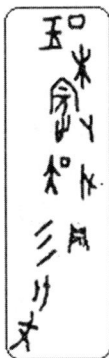

《尹贞》释文：丁未卜，尹贞，王宾大丁彡，亡尤。参证：根据蚩尤传说，把"亡尤"理解为"无灾害吗"。

《尹贞》释文：甲寅卜，尹贞，王宾大甲彡亡尤，才丁正月。参证：商朝以十二月为第一个月，是帝王办理政事，故名。

《尹贞》释文：庚申卜，尹贞，王宾大庚，尤亡。参证：王宾，助祭诸侯。

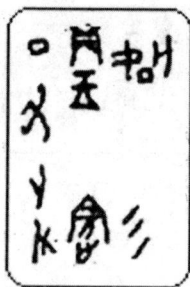

《尹贞》释文：丁丑卜，尹贞，王宾中丁彡，亡。参证：中丁，商朝第十任君主。

《尹贞》释文：乙酉卜，尹贞，王宾祖乙彡，亡。参证：祖乙，商朝第十四任君主。

《尹贞》释文：卯卜，尹，王宾祖辛彡，亡。参证：卯，两扉开，卯月即二月，万物冒出。子、丑、寅、卯、辰、巳、午、未、申、酉、戌、亥对应的月份依次是十一月、十二月、正月、二月、三月、四月、五月、六月、七月、八月、九月、十月。

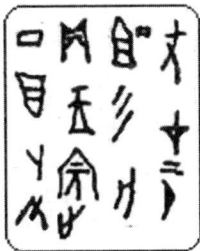

《尹贞》释文：丁酉卜，尹贞，王宾祖丁彡，亡尤，才二月。参证：
酉，壶尊。八月黍成制酒，即酉月。

《父丁》释文：丁巳卜，贞。王宾父丁彡，亡，才三月。参证：丁即
钉，假借为天干丁。

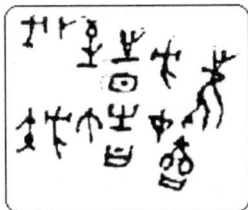

《方至》释文：戊寅卜，方至不？有曰：方在止佳鄙。参证：方来了
吗？有人说：方在鄙。

《小风》释文：甲辰卜，乙其，焚，又中鳳（风）抑？小风，延阴。
参证：焚，执火炬围猎。

《一牡》释文：父甲一牡？父庚一牡？父辛一牡？参证：为武丁时所卜。父，指生父及父辈。三人是阳甲、盘庚、小辛。

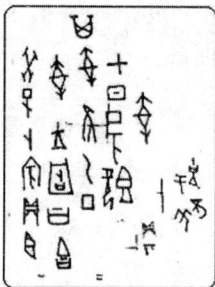

《宾贞》释文：癸巳卜，宾贞，臣执？王固（占）曰：吉。其执隹乙、丁。七日，丁亥，执。参证：癸巳日卜，宾卜问，大臣抓罪犯了吗？商王看了卦象说：吉利。抓到，在乙日和丁日。验证，七日前的丁亥日已抓到罪犯了。

《令众黍》释文：贞，叀小臣令众黍？一月。参证：叀，唯。小臣命令众奴隶种黍。

《祸百工》释文：癸未卜，又祸百工？参证：百工有两个含义，手工业生产家族或百官。这里指的是"多工"，即手工业家族。

《作王寝》释文：甲午贞，令多尹作王寝。参证：多尹，从事农作或做王寝之官。

《入王家》释文：丁巳卜，缀弗入王家，觊其入王家？参证：⿰，先隶定为觊，后隶定为"缀"。

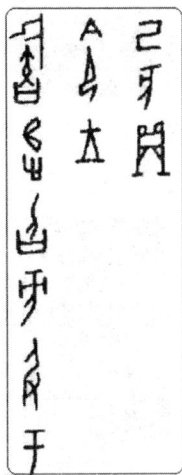

《追召方》释文：己亥贞，令王族追召方及于。参证：与商代为敌的方国很多，陈梦家认为有 45 个，钟柏生认为有 85 个。召方是其一。

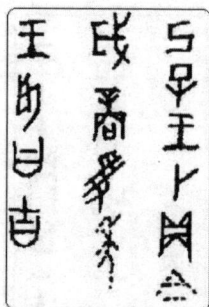

《商受年》释文：己巳，王卜，贞。今岁商受年，王占曰：吉。参证：王，字形像兵器，假借为王权。

《宾贞》释文：癸卯，宾贞，豐，圣田于京。参证：豐出现次数不下 50 次，多为王公贵族的典礼祭祀所用。

《其有风》释文：贞，翌丙子，其有鳳？参证：鳳，假借为风。人们用神秘的凤鸟形象来代表同样也让人类难以捉摸的风。

《壬戌》释文：翌，壬戌，其雨。壬戌，鳳（风）。参证：壬，象形，小腿骨，承重。"胫"中的"工"，保留甲骨文特征。假借为天干。

《四方风》释文：东方曰析，风曰劦。南方曰夹，风曰微。西方曰夷，风曰彝。北方曰宛，风曰役。参证：风曰协，是指和煦之风。风曰微，是指微弱之风。风曰彝，是指大风。风曰役，是指烈风。《四方风》对征伐、狩猎、畜牧、农事、灾害、疾病、祭祀等事有一定的影响。

《争贞》释文：辛卯卜，争贞，翌甲午，王涉归。参证：↑，像杵形，假借为午。

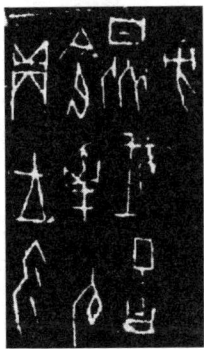

汉字
国学

《伐古方》释文：贞，王勿令夅氏众伐古方。参证：这里的"众"是
指部落长和氏族长。

《亘贞》释文：癸卯卜，亘贞，乎圍叀之。贞，王往出。参证：在甲
骨卜辞中，"叀"与"隹"是常见的一对相关语气词。陈梦家先生不同意
"叀"与"隹"是等同于"惟"的语气词用法，而认为是介词，他认为两
字在卜辞中的用法是有区别的："叀"用于正面，"隹"用于反面。"叀"
表示肯定强调，而"隹"则既表示否定又表示肯定强调的不同。张玉金认
为"叀"是焦点标记。

《殻贞》释文：己酉卜，殻贞，古方亡其祸。参证：己，像胸部和腹
部，扪心自问，指自己。同样，自，摸鼻子可以确认自己。

《有于祖乙》释文：贞，翌甲子，有于祖乙。贞，登人五千，乎见古方。参证：甲，像盔甲，假借为天干。

《古方亡昏》释文：贞，翌甲午，有于祖。贞，古方亡昏。参证：有，保佑。

《殻贞》释文：癸丑卜，殻贞，勿隹王伐古方，上下弗若。不我其。参证：ㄓ，像手形，假借为地支丑。

《宾贞》释文：庚子卜，宾贞，勿登人三千乎古方，弗受其右。已亥卜，争贞，勿乎，衣享高。参证：乎，伐。

《亘贞》释文：丁亥卜，亘贞，子商妾娩，不其嘉。参证：子商妾，冥不其嘉。

《宾贞》释文：壬寅卜，宾贞，王往以众黍于囧。参证：囧，祭祀地。"明"字写成"朙"。

《小牢》释文：贞，有于庚，三十小牢。参证：其牲或曰大牢，或曰小牢（罗振玉）。

《宾贞》释文：乙未卜，宾贞，今日其延雨。乙巳卜，争贞，寮（燎）于河五牛，沉十牛。贞臣在门。参证：燎，古代祭祀仪式之一。把玉帛、牺牲放在柴堆上，焚烧祭天。

《弼阜》释文：丙戌卜，贞，弼阜在先，不水。丁亥，▨，禾。参证：水，涨水。

《命吴省》释文：乙巳卜，命吴省在南麋，十月。庚寅卜，令墉。乙酉卜，▨出。参证：墉，城垣也。

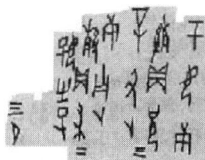

《妇好》释文：庚子卜，殻贞，妇好有子？三月。辛丑卜，殻贞，兄于母庚。参证：兄，祝。占卜"有子"，在孕中期。

《惟丙》释文：王固，其隹丙不吉。其隹甲戌亦不吉。其隹甲申吉。参证：▨，向上之言，为吉。

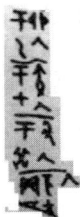

《王人》释文：贞，亥，王入。于癸丑入。于甲寅入。于乙卯入。参
证：人，象形，入地。

《赐牛》释文：乙卯卜，亘贞，勿赐牛。贞，翌丙辰不雨。贞，赐牛。
贞，翌丙辰其雨。史步工方。参证：工，伐。

《义京》释文：乙未，宜于义京，羌三。卯十牛。中。参证：羊，牧
羊，会意，西方戎族的牧羊人。

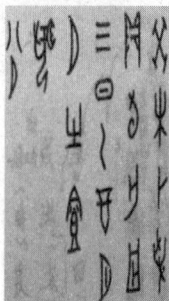

《争贞》释文：癸未卜，争贞，旬亡祸？三日乙酉夕，月有食。闻。
八月。参证：争，两手争一物。

《虹》释文：王占曰，有祟。八日寅戌有各，云自东，贯母。昃，亦有出虹自北，饮于河。参证：，象虹之形。虹，亦声字。

《禋祭》释文：不吉。祟。其有来蝀（蛛）。七日，乙巳夕亘，有新大星并火。参证：亘，同"禋"，升烟祭天以求福。

《商受年》释文：甲辰卜，商受年。参证：受年，获得好收成。

《受黍年》释文：贞，不其受黍年。参证：黍，，散穗，有水或无水。

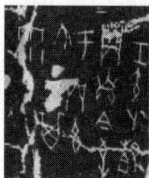

《殻贞》释文：壬寅卜，殻贞，自今至于丙午，不其雨。参证：不，象形，花柎，假借为否定词。

《大获鱼》释文：丁卯卜，王大获鱼。参证：隻，多义字，只或获。

《殻贞》释文：𪔄贞，今日我其兽？兽，获毕鹿五十又六。参证：兽，狩猎。

《禽八虎》释文：毕八虎，允毕获麋八十八，兕一，豕三十又二。参证：马一。

《宾贞》释文：戊卜，宾贞，有梦，王秉棗。参证：棗，说文，丛生的酸枣树。

《有梦》释文：甲戌卜，贞，有梦，秉棗，在中宗，不惟忧，八月。参证：𣲗，人躺在床上头动，做梦状。

《旬亡祸》释文：癸酉卜，贞，旬亡祸？王二曰：□。王固曰：俞有来□痛。五日丁丑，王嫔中丁，厥坠宕皁，十月。参证：卜旬，占卜未来十天天气的方法。卜旬之日多为每旬的"癸"日。用 60 干支循环记录 60 日，这种用十日一旬，三旬一月，60 日一循环的历法，称为旬历，是中国殷商时期发明的。

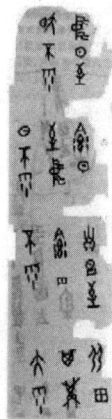

 《菁大雨》释文：中日至昃不雨？食至中日不雨？自旦至食不雨。弜田，其菁，大雨。参证：商代天气预报。第一二句，命辞。第三句，占辞。第四句，验辞。

 《受年》释文：乙巳王卜，贞，今岁商受年？王占曰，吉。东土受年？吉。南土受年？吉。西土受年？吉。北土受年？吉。参证：商代的行政区划概貌。

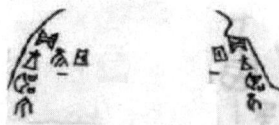

 《不惟祸》释文：贞，王听惟祸。贞，王听不惟祸。参证：王听，商代乐师。

《即贞》释文：癸卯卜，即贞，翌乙巳，其右于祖乙。参证：即，象形，人就食。这里是贞人的名。

《殼贞》释文：丁酉卜，殼贞，今春，王登人五千征土方，受之佑？参证：登人，征集兵员。商代一次征兵少则1000人，多则5000人，有时甚至超过10000人。

第四节　周代甲骨文

周代甲骨文的发现共有四处：山西洪洞县的坊堆村（1954），西安张家坡（1955），北京昌平的白浮村（1975），陕西岐山县和扶风县的周原遗址（1977）。周原是周文化的发祥地和灭商之前周人的聚居地，素有"青铜器之乡"的美誉。周原甲骨文的主要特点是："字体小如粟米，笔画细如发丝，显示出娴熟的书刻技艺"。"城、则、夜"等字始见于周原甲骨文。"追逐车队更受见毕蜀"等字在周原甲骨文定型。

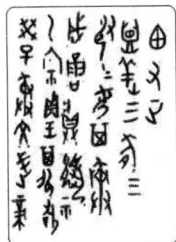

《彝盟》释文：癸巳，彝文武帝乙宗，贞：王其昭祭成唐，鼎祝报二母，其彝盟牡三、豕三，惠有足。参证：思有正。

《衣王田》释文：衣王田至于帛。王隹田。参证：癸酉卜，在帛贞，王步于鼓，亡灾。衣和殷同音。

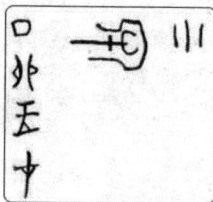

《小牢》释文：丁卯。王在。小牢。参证：残片。

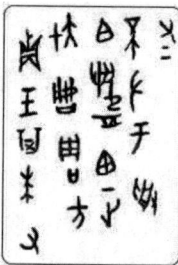

《册周方伯》释文：贞。王其求又大甲。册周方伯螯。思正，不左，于受佑。参证：册盂方伯炎。

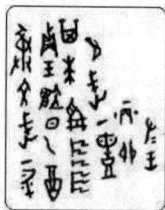

《彝文武》释文：彝文武一瓒，贞王翌日乙酉，其拜禼中……武一豊，丙卯，右王。参证：其求莤中。

《大还思》释文：大还思，不大追。参证：不追大。

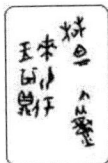

《楚伯》释文：楚伯迄今秋来，御于王，其则。参证：其贼。

《楚子》释文：曰今秋，楚子来告，丁父后哉。参证：又后哉。

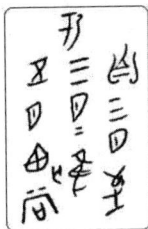

《自三月》释文：自三月至于三月。月隹五月，思亡尚。参证：思，斯。

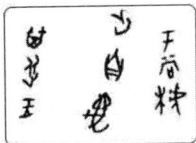

《其从王》释文：其从王。出自黾。于尚槭。参证：残片三。黾，地名。尚，佑。

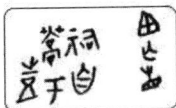

《思亡相》释文：思亡相。祠自蒿于壹。参证：相，助。于，"与"。

《商其》释文：商其舍若。亡友思克事。参证：残片二。其舍商若。

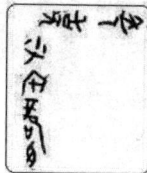

《商西》释文：年，事乎宅商西。参证：残片。

《燎祭》释文：其微、楚。日乙燎。师氏自燎。参证：残片。师氏，官名。

《大保》释文：大保。毕公。虫白。豊。伐蜀。既吉。参证：残片六。

《克事》释文：卧曰，并思克事。五八七八七八。参证：残片二。卧，卜。五八七八七八，周易经卦的卦象。奇阳偶阴。阳爻—（九），阴爻—（六）。

72

第四章　金　文

　　青铜器在世界各地均有出现，是一种世界性的物质文明。最早的青铜器出现于6000年前的古巴比伦两河流域。苏美尔文明时期雕有狮子形象的大型铜刀是早期青铜器的代表。青铜器在2000多年前逐渐由铁器所取代。中国青铜器制作精美，在世界青铜器中享有极高的声誉和艺术价值，代表着中国4000多年青铜发展的高超技术与文化。

第一节　金文的源头

　　最早的青铜器出现于6000年前的古巴比伦两河流域。苏美尔文明时期雕有狮子形象的大型铜刀是早期青铜器的代表。在中国，距今5000－4000年，相当于尧舜禹传说时代。古文献上记载当时人们已开始冶铸青铜器。黄河、长江中下游地区的龙山时代遗址里，经考古发掘，在几十处遗址里发现了青铜器制品。青铜器包括烹饪器、盛食器、酒器、水器、小型工具、饰物等。烹饪器主要有鼎、鬲、甗（yǎn）等。盛食器主要有簋（guǐ）、敦、盨、簠（fǔ）、盙、盘豆、盖豆等。水器主要盘、匜、盂、鉴等。

　　我国夏代之前的新石器时代，青铜器最初出现的是小型工具或饰物。那时，青铜器上面没有文字。七角铜镜属于新石器时代晚期齐家文化的代表器物。

图 4-1　七角铜镜

四羊首青铜权杖头属于西坝文化的代表器物。四坝文化是齐家文化逐渐衰落后，甘、青地区先后兴起的几支地域性青铜文化中最西面的一支。

图4-2　四羊首青铜权杖头

夏代青铜器，出现了一些装饰性花纹。镶嵌十字纹的方钺，是夏代晚期的青铜器。

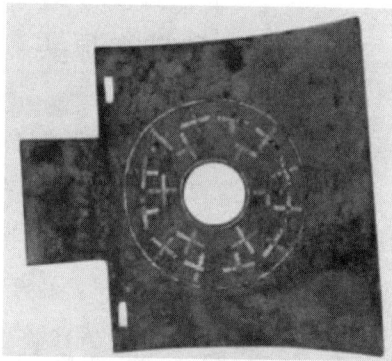

图4-3　十字纹方钺青铜器

代表二里头文化的铜牌，打磨精细，花纹清晰。

图4-4　二里头文化铜牌

商代青铜器后母戊鼎等上出现了文字。因此，金文研习我们是从商代开始的。

图 4-5　后母戊鼎

第二节　商代金文

商代金文，笔道刚劲有力，波磔明显，首尾出锋，被称为"波磔体"。商代青铜器铭文大体可以分为两种风格：一种是形体丰腴，笔势雄健，笔画的起止多显锋露芒，间用肥笔，其代表作品是小臣俞尊铭，为以后的书法演变奠定了基础；另一种则是运笔有力，形体虽瘦，但笔画多挺直劲美，不露或少露锋芒，肥笔甚少，与第一种风格形成了鲜明对比，书体显得遒美挺拔，代表作品有戍嗣子鼎铭。

（一）小臣俞尊铭

小臣俞尊，又称小臣余尊，是商代帝乙时期的青铜器，清代道光年间在山东省寿张县梁山出土，现收藏于美国旧金山亚洲艺术博物馆。铭文共 4 行 27 个字，笔画圆润肥厚，而且大多也是中间粗、两端较细，如"王""又"（有）等字的肥重笔画，装饰性强，用笔遒劲强健，是商代中晚期金文书法的典型样式。

《小臣俞尊铭文》释文：丁子，王省夒京。王易小臣俞夒贝。隹王来正夷方。隹王十祀又五五日。

（二）戍嗣子鼎铭文

戍嗣子鼎于 1959 年在河南安阳后冈圆形殉葬坑出土，同出者还有铜卣（yǒu）、铜爵等器。圆形、口沿二直耳，三蹄足。颈部饰兽面纹。铭文记商某王某年，九月丙午这天，商王在宗庙明堂大室，赏赐给戍嗣子贝二十朋，戍嗣子因受荣宠，作了这件祭祀父亲的宝鼎。铭末"犬鱼"应为戍嗣子所属家族的族徽。

《戍嗣子鼎铭文》释文：丙午，王商（赏）戍嗣子贝廿朋，才（在管）宗，用乍（作）父癸宝（鼎），隹（唯）王大（管太）室，才（在）九月，犬鱼。

（三）我乍父己簋铭文

《小校金阁》和《善斋吉金录》为"我乍父己甗"，《贞松堂》为"我乍父己鼎"。亚若，我氏家族的族徽。

《我作父己簋铭文》释文：隹十月又一月丁亥，我乍御，祭祖乙妣乙，祖己妣癸，征袥奈又二女，咸服，遣福，赐贝五朋，用乍父己宝尊彝。亚若。

（四）父乙彝簋铭文

日本冈山美术馆所藏西周中期直纹方座簋，为日本古董世家所旧藏。此簋可能是殷商中晚期武丁时代的文物，不知何故，流落在日本。莫狗，寝官。

《父乙彝簋铭文》释文：庚午，王令寝莫狗省北田，四品，正月乍（作）册，友史易（赐）贝十朋，用乍（作）父乙尊彝。其万年，孙永宝用。

（五）戊辰彝铭文

戊辰彝现藏于美国费丽尔美术博物馆。

《戊辰彝铭文》释文：戊辰，弜师易褘朿，嵩贝，用乍父乙宝彝，才十月一，隹王廿祀，劦日，遘于匕戊，武乙奭俪，豕一，旅。

（六）小子卤铭文

小子卤是商代帝乙时期的酒器。铭文以字间紧结、纵贯而下的直曲变化，形成令人回味无穷的生动韵律。

《小子卤铭文》释文：乙子，子令小子逢先以人于菫，子光商逢贝二朋。子曰：贝，隹蔑女历。逢用乍母辛彝。在十月二，隹子曰：令望人方。

（七）乃孙乍祖己鼎铭

乃孙乍祖己鼎铭文是中国书法史上的方笔之祖。其方硬劲折的线质传达出刀凿斧劈时才具有的锋芒。

《乃孙乍祖己鼎铭文》释文：乃孙乍祖己宗宝斾悚祊宾。

第三节 西周金文

西周青铜器的珍贵价值，突出表现在铭文上。西周是金文的最盛期，金文成为史料的关键，周代青铜器上的铭文与商代相比，字数越来越多，语句也愈加格式化。这些铭文大都记述个人业绩，追颂祖先功德，希冀子孙保用。周早期金文主要指周文王、武王、成王、康王和昭王时期的金文。这一时期的金文基本上继承了商代金文的风格而又有所发展，铭文的书写和铸刻都十分严谨，风格雄强凝重，行款布局自如随意，笔画肥美，有尖状肥笔，其形如刀或蝌蚪，有游动的曲笔，婉转多变，被称为波磔体，和甲骨文的方笔形成明显的对比。其笔法特点主要来源于商代的"族徽"，多保留有象形文字的特点。结构无规律，字形大小、长宽、方圆不等，字无定形，一字多写，合文是普遍现象。周中期金文主要指周穆王、恭王、懿王、孝王、夷王时期的金文。这一时期的金文逐渐脱离了商代和周初的风貌，用笔上的肥美逐渐变为以线为主的中锋，象形和修饰意味也渐渐消失。方圆笔兼用，字形渐方，端庄匀称，章法谨严，通篇美观。至此，西周金文书法的风貌基本形成。布局上出现有界格，但有收有放，不被界格所约束，生动大方，自然多变。

（一）西周早期邢侯簋铭文

西周国宝级文物、国家一级文物，1921 年出土于河北省邢台市，现藏于英国大英博物馆。有铭文 68 字，合文一。

《邢侯簋铭文》释文：隹三月，王令荣内史曰口井侯服，易臣三品，州人、重人、庸人。拜稽首，鲁天子复厥濒福，克奔走上下，帝无终令于右周，追考。对不敢坠邵朕福盟，朕臣天子，用册王命，乍周公彝。

（二）西周早期曆（历）方鼎铭文

曆（历）方鼎藏于上海博物馆。器内壁铸有铭文 4 行 19 字。

《曆（历）方鼎铭文》释文：历肇对元德，效友隹井（型）。乍宝尊彝，其用夙月蠿享。

（三）西周早期师艅尊铭文

见于《殷周金文集成》。

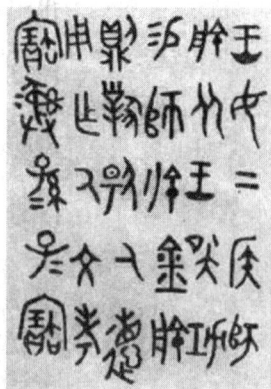

《师艅尊铭文》释文：王女上侯，师艅从，王夜功，赐师艅金，艅则对扬厥德用乍厥文考宝彝，孙孙子子宝。

（四）利簋铭文

利簋铭文为周人所作，具有强烈的宗周早期风貌。字形纵长，笔画圆劲，肥笔含蓄蕴藉，行气连贯，庄重肃穆，极富阳刚之气。

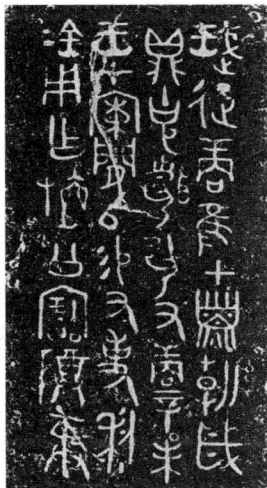

《利簋铭文》释文：武王征商，隹甲子朝，岁鼎克，昏夙有商。辛未，王在管师，赐有史利金，用乍檀公寶尊彝。

（五）天王簋（大丰簋）武王铭文

"天亡簋"也称"大丰簋"，是西周武王时期器物，相传清道光年间于陕西岐山出土，是传世最早的西周典型铜器。

释文：乙亥，王又（有）大丰（豐），王凡三（四）方，王

祀于天室，降，天亡又（佑）王，

衣祀于王，不（丕）显考文王，

事喜上帝，文王德才上下，不（丕）

显王乍省，不（丕）□王乍庸。

不克气衣王祀，丁丑，王乡（饗），大宜，王降，

乍勋爵后□，隹朕又蔑，每（敏）杨王休于尊簋。

（六）保卣铭文

保卣是西周年间的酒器。1948 年于河南洛阳出土。现馆藏于上海博物馆。

《保卣铭文》释文：乙卯，王令。保及殷东或（国）五矦（侯）延兄六
區。蔑暦（历）于保。赐賓（宾），用乍文父癸宗寶（宝）尊彝。遘于四方，
迨王大祀，佑于周。在二月既望。

（七）大盂鼎铭文

大盂鼎又称廿三祀盂鼎，西周炊器。1849 年出土于陕西郿县礼村，
禁止出境展览。铭文 291 字，记载了周康王在宗周训诰盂之事。铭文体势
严谨，结字、章法都十分质朴平实，用笔方圆兼备，端严凝重，雄壮而不
失秀美，布局整饬中又见灵动。

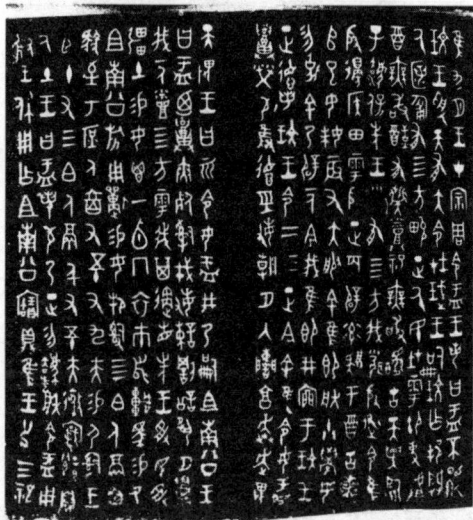

释文：隹九月，王在宗周命盂。王若曰：盂，丕（pī）显玟王，受天有大命，在斌（wǔ）王，嗣玟乍邦开纪，匦匍有四方，畯（jùn）政纪民，在雩（yú）御事，虘（cuó）酒无敢。酤（tián）有蒸□（juàn），祀无敢醉（zuì），故天异临子，法保先王，王少有四方。我闻殷述命，唯殷边侯甸，雩依征内，避率肄于酒，故丧追祀。汝妹辰有大服，余唯即朕小学，每勿克，余乃避寡。今我隹即井闉于玟王，政德若玟王，令上三政。今余隹命盂绍荣敬，雍德巠敏，朝夕入谰（谏），享奔走。畏天威王曰示命：汝盂进乃嗣祖南公。王曰：盂乃绍夹死射戎，敏谏（cù）罚讼；夙夕绍我，寡烝四方，雩我其过；相先王，受民受疆土；赐汝鬯（chàng）一卣（yǒu），冂（jiōng）衣、舄（xì）、韐、马；赐汝祖南公伐用通（yù），赐汝帮伺四百人鬲，使驭至巧庶人六百又五十又九夫，赐尾伺王臣十又三百人鬲，千又五十夫，徼（jiǎo）国遣捕纪土。王曰：盂，若敬乃政，勿辞朕命。盂用取王仦（chào）用，乍祖南公宝鼎隹王廿又三祀。

（八）召卣铭文

召卣为西周时期的盛酒器，现收藏于中国国家博物馆。器内壁铸铭文7行44字，记述周王将毕地"方五十里"赏赐作器者召。铭文通篇用字竖有行，横无列，参差错落；笔画波磔分明。

《召卣铭文》释文：唯九月在炎师，甲午，伯懋父赐召白马，妊黄发微用黑，丕不召多用追与炎，不肆伯懋父友，召万年永光，用乍團宫旅彝。

（九）师酉簋铭文

师酉簋为西周时期的盛食器，藏于北京故宫博物馆。铭文记载了周懿王命令师酉继承祖先的官职，管理农业生产者及部分种族奴隶。

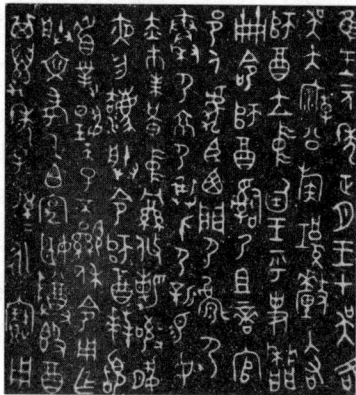

《师酉簋铭文》释文：隹王元年正月，王在吴，各（格）吴大庙。公族㝬釐入佑师酉立中廷。王呼史册命："师酉，乃祖嫡官邑人、虎臣、西门夷、夷、秦夷、京夷、身夷、薪。赐汝赤、朱黄、中、攸勒。敬夙夜勿废朕命。"师酉拜，稽首。对扬天子丕显休命，用乍朕父考乙伯、究姬尊簋。酉其万年子子孙孙永宝用。

（十）墙盘铭文

史墙盘，西周中期青铜器。墙是人名，是西周的史官，所以叫史墙。盘是礼器，放上肉，献给祖宗。铭文记述了西周文、武、成、康、昭、穆王的重要史迹以及微氏家族之事。

《墙盘铭文》释文：曰古文王，初和于政，上帝降懿德大，匍有上下，受萬邦。圉武王，通征四方，達殷，民永，不聲狄虐，伐屍童。憲聖成王，ナ右剛，用肇徹周邦。康王，分尹。宏魯邵王，廣楚荊。佳南行。穆王，井帥宇誨。寧天子，天子文武長刺，天子無旬。祁上下，亟慕，昊亡臭。上帝司夒，亢保受天子令，厚福豐年，方亡不窋見。青幽高且，才雷處。武王既殷，史刺且乃來見武王，武王則令周公舍，於周卑處。乙且，匹乓辟，遠猷心子。明亞且且辛，毓子孫，多犛，角光，義其祀。文考乙公，屯無諫，襲嗇戊佳辟。孝史，夙夜不窋，其日蔑。弗敢怚，對揚天子丕顯休令，用乍寶彝。刺且文考，弋受爾。福裹錄，黃耇彌生，龕事乒辟，其萬年永寶（宝）用。

（十一）瘐簋盖铭文

瘐簋于1976年在陕西省扶风县庄白家村出土，现藏于周原文物管理所。铭文瘐自述其先祖父辈在王室职掌威仪。

《瘐簋盖铭文》释文：瘐曰，勋皇且考嗣威义，用辟先王，不敢弗师用凤夕，王对兴秫，赐佩，乍且考簋，其享祀大神神多多福，瘐万年宝。

（十二）小克鼎铭文

小克鼎是宗庙祭祀所用的酒器，为光绪十六年（1890）在陕西省扶风县法门寺任村出土的青铜器之一。铭文中所述器主人为"膳夫克"，故称克鼎，又称膳夫克鼎。为与大克鼎区别，也称小克鼎。小克鼎造型雄浑厚重，花纹粗犷流畅，是典型的西周晚期铜鼎。器内壁铸铭文 8 行 72 字。

《小克鼎铭文》释文：隹王廿又三年九月，王在宗周，王命善夫克舍命于成周，遹正八师之年，克乍朕皇祖釐（xǐ）季宝宗彝。克其日用貎朕辟鲁休，用匄（gài）康□、屯右、眉寿、永命、霝终。万年无疆，克其子子孙孙永宝用。

（十三）戯狄钟铭文

西周中晚期青铜器。

《戯狄钟铭文》释文：□先王先王。其严在帝。左右戯。

（十四）颂壶铭文

颂壶因作器者为"颂"而得名。有铭文 151 字，记录了颂接受周王册命掌管成周洛阳仓库这一职务的过程，是研究西周礼制的重要史料。

《颂壶铭文》释文：隹三年五月既死霸甲戌，王在周康卲宫。旦，王各大（格太）室，即位。宰引右颂入门，立中廷。尹氏受（授）王令（命）书，王乎（呼）史虢生册令（命）颂。王曰：颂，令女（命汝）官□（司）成周贮二十家，监□（司）新（造），贮用宫御。易女（赐汝）玄衣黹屯（纯）、赤市（韍）、朱黄（衡）、（銮）旂、攸（鋚）勒，用事。颂□□（拜稽）首。受令（命）册，佩（以）出，反入堇章（返纳瑾璋）。颂□（敢）对□（扬）天子不（丕）显鲁休，用乍□（作朕）皇考龚吊（龚叔）、皇母龚始（龚姒）宝（尊）鼎。用追孝，□（祈）匄康、屯右（纯佑）、彔（通禄）、永令（命）。颂（其）万年（眉寿），□（畯）臣天子，霝冬（灵终），子子孙孙宝用。

（十五）颂鼎铭文

传世的颂器有三鼎、五簋、二壶，均为一级国宝，是记录周代礼制的珍贵礼器。

释文：隹（唯）三年五月丁子（巳），王才（在）宗周，令史颂（省苏）友、里君、百生（姓），帅（塌、偶盎）于成周，休又（有）成事，章（苏宾璋）、马三（四）匹、吉金，用乍，颂（其）万年无彊（疆），日（扬）天子令□（景命），子子孙孙永宝用。

（十六）颂簋乙铭文

《颂簋乙铭文》释文：佳（唯）三年五月丁子（巳），王才（在）宗周，令史颂（省苏姻）友、里君、百生（姓），帅（偶）螯于成周，休又（有）成事，□宾章（苏倏璋）、马（四）匹、吉金，用乍彝，颂（其）万年无彊（疆），日（扬）天子□令（景命），子子孙孙永宝用。

（十七）毕伯克鼎铭文

作器人是西周晚期的毕克。伯是爵位或排行。

《毕伯克鼎铭文》释文：畢白（伯）克肇乍，朕丕顯（显）皇且，受命毕公鼏，彝，用追享于，子孙永宝用。

（十八）龏簋铭文

龏是西周的周厉王的名字，简化为"夫"。簋是当中最大的一件，被称为西周"簋王"。内底有铭文12行124字，是周厉王为祭祀先王而自作的一篇祝词。

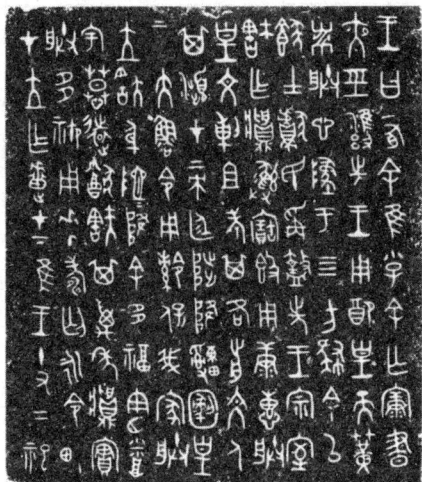

《㝬簋铭文》释文：王曰："有（舊）余佳（雖）小子，余亡康晝夜，堅（經）雝（擁）先王，用配皇天。黄（横）岇（致）朕心，墬（施）于四方。肆余以〔飤〕士獻民，再（稱）盩先王宗室。"㝬（胡）乍（作）朕彝寶簋，用康惠朕皇文剌（烈）且考，其各（格）歬（前）文人，其瀕才（在）帝廷陟降，𤔲□皇帝大魯令（命），用齂（令）保我家、朕立（位）、〔㝬〕（胡）身。阤阤降余多福，憲（宜）□（導）宇（訏）慕（謨）遠猷。〔㝬〕（胡）其萬年，齂寶朕多𣛎，用賷（祈）壽，匄永令（命），畯才（在）立（位），乍霆才（在）下。佳（唯）王十又二祀。

（十九）散氏盘铭文

散氏盘又称矢人盘，是西周晚期青铜器，因铭文中有"散氏"字样而得名，清乾隆年间出土于陕西省凤翔县，现藏于中国台北故宫博物院。内底铸有铭文19行357字，内容是矢人付给散氏田地之事，是研究西周土地制度的宝贵史料。

《散氏盘铭文》释文：用矢践散邑，乃即散用田。履：自瀗涉以南，至于大沽，一奉。以陟，二奉，至于边柳、复涉瀗，陟。以西，奉于敝城。楮木，奉于刍仇，奉于刍道，内陟刍，登于厂湶，奉诸、陵、刚。奉于单道，奉（封）于原道，奉（封）于周道。以东，奉于棹东强。右还，奉于履道。以南，奉于仇道。以西，至于莫。履井邑田。自椎木道左至于井邑，奉，道以东，一奉，还，以西一奉，陟刚三奉。降以南，奉于同道。陟州刚，登，降械二奉。矢人有司履田：鲜、且、武父、西宫襄、豆人虞丂、录贞、师氏右眚、小门人、原人虞芾、淮司工虎、孝、丰父、人有司丂，凡十又五夫。正履矢舍散田：司土逆寅、司马单、人司工君、宰德父；散人小子履田：戎、（微）父、教父、襄之有司褱、州就、焂从，凡散有司十夫。唯王九月，辰才乙卯，矢卑鲜、且旅誓，曰："我既付散氏田器，有爽，实余有散氏心贼，则爰千罚千，传弃之。"鲜、且、旅则誓。乃卑西宫襄、武父誓，曰："我既付散氏湿田、畛田，余有爽变，爰千罚千。"西宫襄、武父则誓。厥受图，矢王于豆新宫东廷。厥左执史正中农。

（二十）虢季子白盘铭文

虢季子白盘出土于晚清时期的宝鸡，现收藏于中国国家博物馆，是镇馆之宝。盘内底部有铭文 111 字，讲述虢国的子白奉命出战，荣立战功，周王为其设宴庆功，并赐弓马之物，虢季子白因而做盘以为纪念。铭文语言洗练，字体端庄，是金文中的书家法本。

《虢季子白盘铭文》释文：隹十又二年，正月初吉丁亥，虢季子白乍寶盘，丕顯子白，壮武于戎工。經维四方，搏伐玁狁于洛之陽 。折首五百，執訊五十，是以先行。桓桓子白，獻馘于王。王孔加嘉子白義。王各（格）周廟 ，宣榭爰卿（饗），王曰：白父，孔显又光！王賜乘馬，是用左王；賜用弓，彤矢其央 ；賜用戉，用政（征）蠻方。子子孫孫，萬年無疆。

第五章　篆　书

籀文是周朝晚期使用的文字，为显示国威，国人于是将原本的钟鼎文的文字，繁化而成为籀文。古代秦国继承周代传统，籀文是古代秦国使用的文字，此是小篆的前身。由于在春秋时秦人作的《史籀篇》中收藏有223 个字，因此叫籀文。

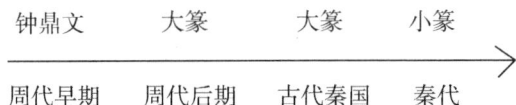

钟鼎文	大篆	大篆	小篆
周代早期	周代后期	古代秦国	秦代

图 5-1　篆书简史

第一节　篆之规范

方块字形，是篆书总结甲骨文和金文等古汉字的最重要的创新成果。正因为如此，大篆的代表作石鼓文被尊为"天下书家第一法则"。《说文解字》、段玉裁和郭沫若先生对"篆"的解释，虽然都有一定的道理。但是，他们都没有强调篆书的总括性和规范性，这主要是因为大篆之"大"的特点没有得到应有的诠释。

许慎看到篆书与竹简的关系，没看到篆书与象的关系。《说文解字》对"篆"的解释是"篆，引书也。从竹，象声"。关于书，许慎说："书，箸也。从聿者声。"段玉裁把许慎对"篆"和"书"的解释联系起来，得出一个结论："篆，引书者，引笔而著于竹帛也。"也就是说，篆是运笔书写。事实上，篆书的出现与笔的出现，不是一回事。最早的毛笔，大约可追溯到两千多年之前。毛笔之源一般人都以为是秦代的蒙恬，但考殷墟出土之甲骨片上所残留之朱书与墨迹，系用毛笔所写。由此可知毛笔起于殷商之前，而蒙恬实为毛笔之改良者。西周以前虽然迄今尚未见有毛笔的实物，但从史前的彩陶花纹、商代的甲骨文等上可觅到些许用笔的迹象。东周的竹木简、缣帛上已广泛使用毛笔来书写。湖北省随州市擂鼓墩曾侯乙墓发现了春秋时期的毛笔，是目前发现最早的笔。其后，湖南省长沙市左家公山出土的战国笔，湖北省云梦县睡虎地、甘肃省天水市放马滩出土的秦笔，以及长沙马王堆、湖北省江陵县凤凰山、甘肃省武威市、敦煌市悬泉置和马圈湾、内蒙古自治区古居延地区的汉笔，武威的西晋笔等都是上古时代遗存的不可多得的宝贵资料。考古发掘中发现最早的毛笔实物，属战国时代。1954 年，在长沙左家公山旧战国木椁墓的发掘中出土了毛笔。根据发掘报告记录，"毛笔，在竹筐内，全身套在一枝小竹管内，杆长18.5 厘米，径口 0.4 厘米，毛长 2.5 厘米。据制笔的老技工观察，认为毛笔是用上好的兔箭毫做成的，做法与现在的有些不同，不是笔毛插在笔杆内，而是将笔毛围在杆的一端，然后用丝线缠住，外面涂漆。与笔放在一起的还有铜削、竹片、小竹筒三件，据推测，可能是当时写字的整套工具。竹片的作用相当于后世的纸，铜削是刮削竹片用的，小竹筒可能是贮墨一类物质的"。总之，篆书和毛笔的出现，时间上不一致。

郭沫若《古代文字之辨证的发展》从"象"入手分析篆书。郭沫若说："篆，掾也；掾者，官也。汉代官制，大抵沿袭秦制，内官佐治之吏曰掾属。故所谓篆书，其实就是掾书，就是官书。"这是有一定道理的。

我们从《易经》入手，分析篆书。"象辞"是《易经》的专用术语，是指"总括之辞""概括之辞"，即概括一卦含义之辞，或注解一卦之辞。象辞也叫卦辞。也有人说，"象辞"，就是古经六十四卦中每一卦开头的卦辞。它与"爻辞"相对而言。例如乾卦，"元亨利贞"就是象辞或者卦辞；其余六爻的筮辞就是爻辞。可见，"象"有总括的意思。我们可以类推，篆书则是对甲骨文和钟鼎文的总括和规范，因而，篆书的笔画繁多。结体略呈方形，既是对甲骨文和钟鼎文的字形的概括，更是对汉字字形的一种本体规范。篆书，和隶书相对而言。篆书是大篆、小篆的统称。笔法瘦劲挺拔，直线较多。起笔有方笔、圆笔，也有尖笔，手笔"悬针"较多。

第二节　大篆之"大"

大篆的"大"，含义复杂，包括四个方面：大篆的笔画繁杂、出现时间比小篆早、囊括的字体范围比小篆广泛得多、奠定了汉字方块字的基础。其中最后一点才是最重要的，因此才被尊为"天下书家第一法则"，其关键点是，大篆之伟大，大在方块字形，奠定了汉字方块字形的基础。

大篆，有广义和狭义之分。广义的大篆指小篆以前的所有的古汉字，包括甲骨文、钟鼎文、籀文和六国文字等；狭义的大篆专指周宣王太史籀厘定的汉字字体，即籀文。籀文的代表作品有《石鼓文》和《秦公簋》铭文等。学术研究一般取狭义的大篆。狭义的大篆，从汉代以来，一般人都认为是周宣王在位时太史籀所造。如《汉书·艺文志》载史籀十五篇，班固注："周宣王太史作大篆十五篇。"许慎也说："宣王太史籀著大篆十五篇，与古文或异。"古文或异者，也就是太史籀就古文加以增损而成，故大篆又称为"籀文"。因此后人都认为大篆是古文之后的一种形体了。史籀，周宣王时为史官，庾元威曰：柱下史。善书，师模仓颉古文，损益而广之，或同或异，谓之为篆曰大篆或称"史书"。大篆的资料主要有两个方面：真迹是石鼓文，文献材料是《说文解字》里的籀文。

石鼓文亦称猎碣或雍邑刻石，先秦刻石文字，因其刻石外形似鼓而得名，是康有为眼中的"中华第一古物"，发现于唐初，共计十枚，分别刻有大篆四言诗一首，共 10 首，合计有 718 字。古文字学家王美盛在《石鼓文解读》里认为石鼓文创作于公元前 525 年，为东周王而作。主要证据是石鼓文中有一句话"吾获允异"，与《左传》记载的史实吻合。李学勤肯定此说。石鼓文初步显示出方块字形，被尊为"书家第一法则"。石鼓名称取所刻诗篇的前两个字，即《汧殹》《吾车》《田车》《銮车》《霝雨》《作原》《而师》《马荐》《吾水》《吴人》。《吾车》和《汧殹》较完整，其余石鼓的诗句脱落很严重，只留一点点只言片语，更严重的是《马荐》鼓已一字无存。所以，石鼓文的研究材料主要是古代的拓本。

一、《吾车》

《吾车》因袭《诗经》里的《小雅·车攻》。讲车马修备、驰骋游猎的故事，曾被认为应排在十诗之首。

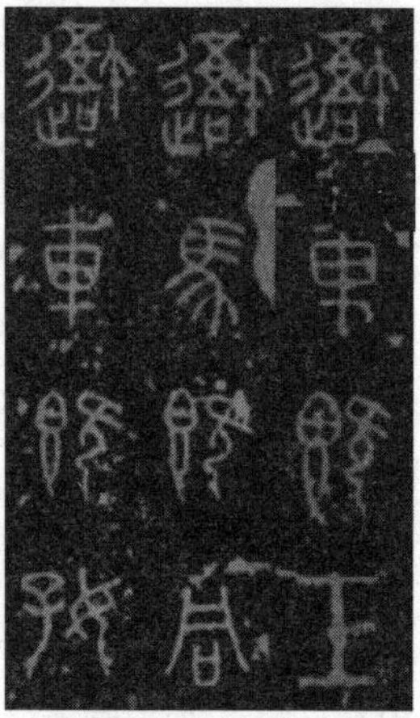

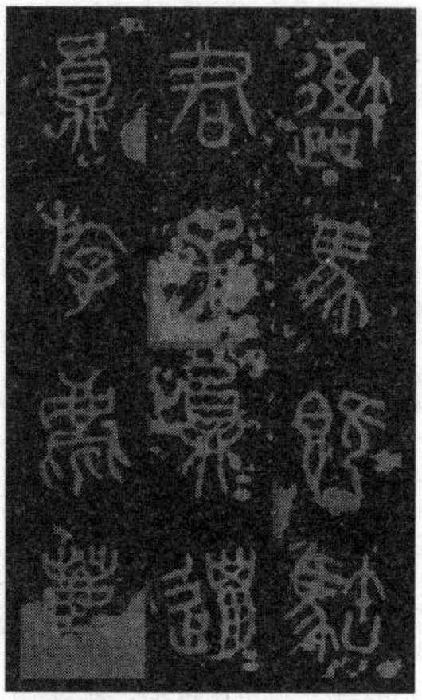

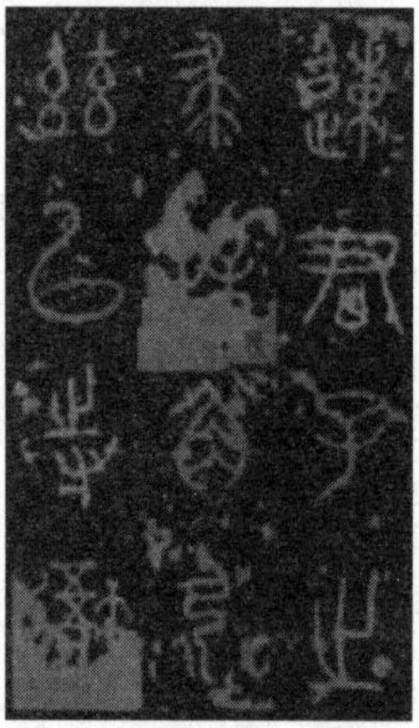

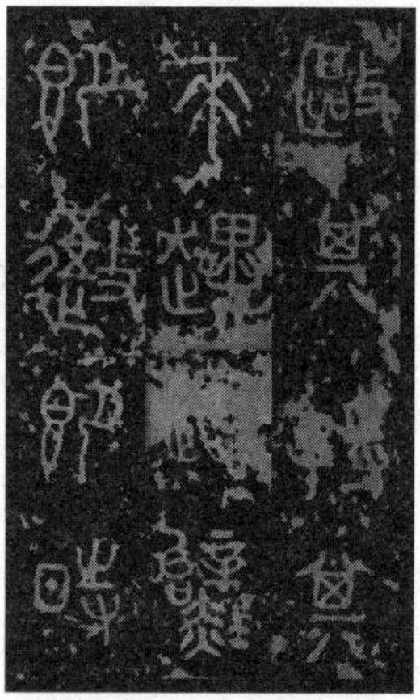

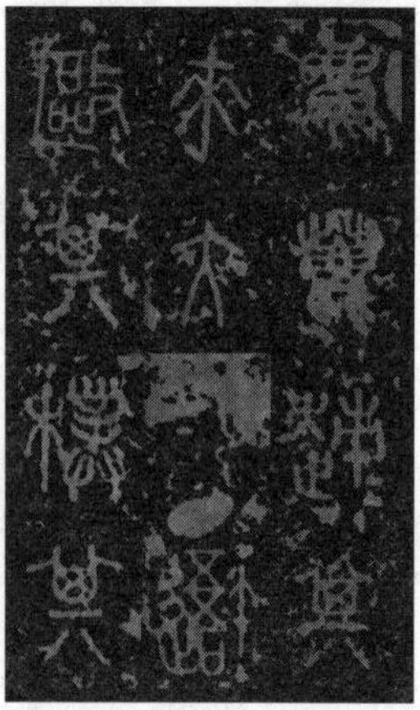

二、《田车诗》

《田车》《石鼓文》的第三首诗是《田车诗》，所叙为秦文公营邑就绪后的一次狩猎的情景。全诗从白天写到晚上，从驻扎的营区写到边界的栅栏。虽然没有正面铺叙狩猎过程，然而从归途中百姓们手舞足蹈和文武官员回到住所还要奏起音乐，翩翩起舞的情景中，我们仍能分享到先人获得丰富猎物后的喜悦。无论是内容还是风格，这首诗都同《诗经·秦风·小戎》非常相近，且《石鼓文》各篇大都可在《诗经·秦风》中找到内容和风格相近的篇目，可以说，《石鼓文》是《诗经·秦风》的姐妹篇。

第三节　小篆之“小”

小篆是相对于大篆的。小篆之“小”在于：迟、细、少、简。时间上小篆比大篆出现得迟；风格上，小篆笔画较细，大篆圆转浑厚；字形上，小篆变化较少，大篆变化较多；笔画数量上，小篆简化，大篆繁杂。小篆一般特指秦篆，主要铸造刻在铁器及度量衡器、符印、诏板上。字有大有小，章法自然，结字端庄，分行布白工整，为小篆的精华和代表。其传世代表作有《秦山刻石》残部，仅存 10 字。另有《泰山》《琅玡台》二石真迹拓片存世，《会稽》《峄山》后人摹刻本传世，据传上述刻石皆为李斯所书。

小篆是在秦始皇统一六国后，在实行“书同文”政策之下，由宰相李斯具体负责，在原秦国使用的大篆籀文的基础上，进行规范和简化，取消其他六国的异体字，创制出来的统一性的汉字字体。小篆是中国第一个由国家规定的标准汉字形态，但是李斯设计的这种文人审美字形，书写起来比较慢，不能适应实际生活中快速书写的要求。小篆的审美在于：在用笔上变迟重收敛、粗细不匀的线条变化，讲究上密下疏、婉通圆转。小篆的笔画较细，所以也有"玉箸篆"之称；在字形上呈长方形，结构往往有左右对称的现象，给人挺拔秀丽的感觉。小篆注重曲线审美，这也成为它在实际推广中仍然存在难以辨认的缺点。随后，隶书化圆为方，化弧为直，简化了小篆的笔画和书写方式，从而得到广泛的应用，史称隶变。小篆在中国流行通用到西汉末年（约公元 8 年），后来逐渐被隶书所取代。篆书无点，主要由横竖曲线构成。小篆的规范性表现在：适应国家的政策"书同文"；面向全国推广；横平竖直，对称均衡。但是，曲线容易使人眼花缭乱，中国人不善于欣赏曲线，而是善于欣赏横平竖直，因此，曲线仍然是篆书发展的一个制约因素。后来，汉字大力发展横平竖直的隶书、楷书，就是便于欣赏和识读。但是，曲线便于书写，这样，汉字就发展出草书和行书。也就是说，自己写，喜欢草书和行书；识读别人的文字，喜欢楷书。千百年来，汉字就是在直线和曲线之间抉择。

一、《秦相泰山刻石》

《秦相泰山刻石》也称《李斯篆碑》，此碑立于秦始皇二十八年（前219）。据《史记》载，秦《泰山刻石》全文共 36 句，3 句为韵，12 韵，144个字。该刻石宣扬了秦始皇统一天下的功绩，表达了治理国家的决心。今存残字 10 个，为"斯臣去疾昧死臣请矣臣"。"臣去疾臣请矣臣"七字完整，"斯昧死"三字残泐。该刻石已被列入国家一级文物，立于岱庙东御座院内。

二、《峄山刻石》

《峄山刻石》称《峄山石刻》《峄山碑》《峄山铭》，古峄山也作绎山、东山，故也有文献称为《绎山刻石》《绎山石刻》《绎山碑》《绎山铭》者。原碑秦始皇二十八年（前219）立，传为秦相李斯所书。石高218厘米，宽84厘米。由于年代久远，加之战乱，原石被野火焚毁。此石是宋太宗赵光义淳化四年（993年）郑文宝根据原石拓本翻刻立石，碑阴有郑文宝题记。《峄山刻石》摹刻都甚多，而首推由宋代人所刻的五代南唐徐铉的摹本为最佳，现藏在西安碑林里。

皇帝立国，维初在昔，嗣世称王。

讨伐乱逆，威动四极，武义直方。

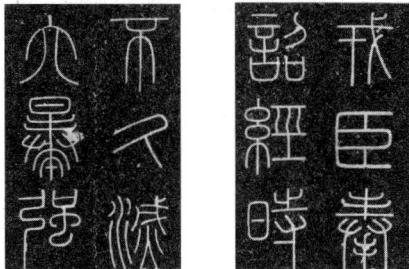

戎臣奉诏，经时不久，灭六暴强。

廿有六年，上荐高号，孝道显明。

既献泰成，乃降专惠，亲巡远方。

登于绎山，群臣从者，咸思攸长。

追念乱世，分土建邦，以开争理。

功战日作，流血于野，自泰古始。

世无万数，陀及五帝，莫能禁止。

迺今皇帝，一家天下，兵不复起。

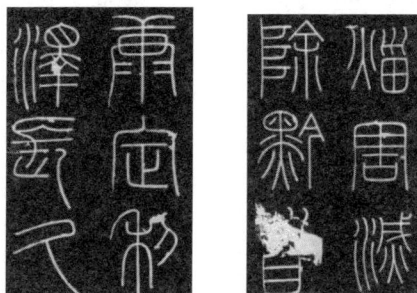

灾害灭除，黔首康定，利泽长久。

群臣诵略，刻此乐石，以箸经纪。

三、琅玡台刻石

　　琅玡刻石是秦始皇统一全国后，于公元前 219 年年巡游东地，登琅玡台时所立。残石高 129 厘米，宽 67.5 厘米，厚 37 厘米，现存碑文 13 行，86 字，是秦刻石存字最多者，中国现存最古刻石之一，堪称国宝。刻石内容是对统一事业的赞颂，具有开国纪功的意义。秦二世东行郡县时又在石后增刻诏书，全文载《史记·秦始皇帝本纪》。因历年久远现仅存 13 行，86 字。刻文为李斯所书，用笔劲秀圆健，结体严谨工稳，是秦代小篆的代表作，在书法史上占有重要地位。

　　维二十八年，皇帝作始。端平法度，万物之纪。以明人事，合同父子。圣智仁义，显白道理。东抚东土，以省卒士。事已大毕，乃临于海。皇帝之功，勤劳本事。上农除末，黔首是富。普天之下，抟心揖志。器械一量，同书文字。日月所照，舟舆所载。皆终其命，莫不得意。应时动事，是维皇帝。匡饬异俗，陵水经地。忧恤黔首，朝夕不懈。除疑定法，咸知所辟。方伯分职，诸治经易。举错必当，莫不如画。皇帝之明，临察四方。尊卑贵贱，不逾次行。奸邪不容，皆务贞良。细大尽力，莫敢怠荒。远迩辟隐，专务肃庄。端直敦忠，事业有常。皇帝之德，存定四极。诛乱除害，兴利致福。节事以时，诸产繁殖。黔首安宁，不用兵革。六亲相保，终无寇贼。驩欣奉教，尽知法式。六合之内，皇帝之土。西涉流沙，南尽北户。东有东海，北过大夏。人迹所至，无不臣者。功盖五帝，泽及牛马。莫不受德，各安其宇。

第六章　文字的性质和类型

在文字产生之前，作为语言单位的"字"这个概念已经存在。不是因为先造字，而后有了"字"这个概念，而是先有"字"这个概念，再造出文字。比如，说话要字字清楚，字正腔圆，这里的"字"就先于文字而存在。这种意义上的字，是指汉语中独立的有意义的一个音节。字本位思想正是强调这种口语意义上的字。书面语意义上的文字是基于口语语音语义的，必须具有可视的符号形体。一笔一画的字形或字母，体现各民族的智慧。本书所说的文字是指书面语的符号。文字信号是可视的光信号。先有这种可视的文字，然后才有触觉信号盲文。文字符号的生理基础是人脑中的书写中枢。文字是人类对大脑书写中枢的开发和利用。文字学的前沿领域是文字的光信号研究和脑科学。字形义和字义是不可能一致的。文字产生之前，书面语体的雏形已经存在。文字的性质衍生出文字的一系列的作用。文字的类型指标体系包括部件、字形特征、使用群体、历史渊源、文字与语言的关系等，这是文字的人文基础研究。

第一节　文字的性质及其衍生

原始图画的发展，如果侧重能指，则进一步发展为美术；如果侧重所指，则进一步发为文字。文字是大脑书写中枢信息代谢外溢的组合。

文字的性质是由文字与语言的区别与联系决定的。文字与语言既有联系，又有区别：联系在于文字记录语言，区别在于文字是书写符号系统，语言是音义结合的符号系统。文字是指记录语言的书面符号系统，这就是文字的基本性质。从发生学看，语言起初是指音义结合的符号系统。因而，文字是符号的符号。

符号的物理学基础是信号。信号是表示信息的物理量。例如，一个电子信号可以通过振幅、频率和相位的变化来表示不同的信息。这种电信号有模拟信号和数字信号两种。信号是承载信息的载体，是信息的载体。广义而言，它包括光信号、声信号和电信号。根据实际使用情况，信号包括雷达信号、广播信号、电视信号、通信信号等。根据出现的时间特性，信号有确定性信号和随机信号。例如，古人利用古烽火台上的滚滚浓烟作为信号，据此可以把敌人入侵的消息发送给身在远方的军队，这里的浓烟属于光信号。当人们说话的时候，声波会传到听者的耳朵里，让听者了解我们的特定意图，这里的声波是一个声音信号。穿越太空的各种无线电波、穿越太空的电话网中的电流等等，都可以用来发送遥远的信息。只有通过接收光、声音和电信号，人们才知道要表达的信息。有声语言是声音信号。文字信号是光信号。文字学的前沿领域是文字的光信号研究。

文字符号的生理基础是人脑的第二信号系统。语言和文字都是第二信号。巴甫洛夫认为，大脑最基本的信号活动是皮层活动。信号的刺激分为两类：具体性刺激，如刺激的光线、声音、电、触觉、味觉等，此类刺激形成的信号是第一信号，形成的反应是条件反射；抽象性刺激，如语言和文字，此类刺激形成的信号是第二信号，形成的反应是无条件反射。对第一信号做出反应的大脑皮层系统是第一信号系统，是动物和人类共有的。第二信号系统的活动，与人类语言神经活动密切联系，是在婴儿个体发展的过程中逐渐形成的，是基于第一信号系统或无条件反射。通过第二个信号系统的活动，形成抽象思维，形成概念，进行推理，人类的认知能力得到不断拓展。因此，我们可以对自然有更深的了解，了解世界，发现和掌握它的规律。巴甫洛夫认为精神疾病是第二信号系统活动的异常表现。动物没有抽象的第二个信号系统，所以它们不会有精神疾病。但当第一个信号系统的活动受到过度的刺激，或者大脑皮层损伤时，这些动物也会出现特定的神经症状。在此类情况下，动物要么失去先前建立起来的条件反射，要么弱刺激引起某些强烈的兴奋，或强刺激导致一些抑制。第二个信号系统，是一种暂时性的神经系统，由词汇作为条件刺激而形成。巴甫洛夫提出了第二信号系统这个重要概念，但他没有具体说明第二信号系统特有的大脑机制。例如，他没有提到第二信号系统是否是人类大脑皮层的整体功能，或者右脑或左脑的信息是否在大脑皮层有其特定的功能定位。因而，文字与大脑功能的关系没有搞清楚。总之，语言和文字的生理基础是人脑的第二信号系统。

文字的生理性质衍生出文字的一系列的作用。首先，文字是对人脑的书写中枢的开发和利用。现代脑科学认为，文字符号的生理学基础是人脑中的书写中枢。书写中枢，又称书写性语言中枢，是人脑语言中枢的一个重要组成部分，一般认为它位于大脑的左半球。书写中枢如果受到损伤，会产生两种常见的疾病。失写症是常见的书写中枢疾病。失写症（agraphia），脑损害导致的书写能力受损或者丧失。失写症患者的情况是不能以书写形式表达自己的思想，这与大脑左半球的运动性书写中枢受到损害有关。在一般情况下，单纯的失写症是很少发生的，而且，是否可单独出现，针对这种情况，科学界至今尚有争论。一般认为失写症是位于额中回后部的 Exner 氏区神经中枢受损所致，这样的患者虽能听懂别人的口语，但书写能力已经丧失，而且默写和抄写的功能亦已经丧失，即使给予有关文字的模型碎块，患者也不能将此拼凑成完整通顺的文字。字符倒错症也是书写中枢的疾病之一。书写中枢发达，书写能力和书法艺术能力会快速提高。大脑的左半球管右半身的动作，而语言中枢位于左半球。因此，右手玩健身球可以刺激书写中枢，提高书写能力。

其次，文字扩大了语言的使用空间范围和时间范围。文字记载历史。文字是人类进入文明时代的标志。文字是划分人类的史前文明和有史文明的标志。拿记事来说，从结绳记事到甲骨文记事，就是文明的巨大进步。

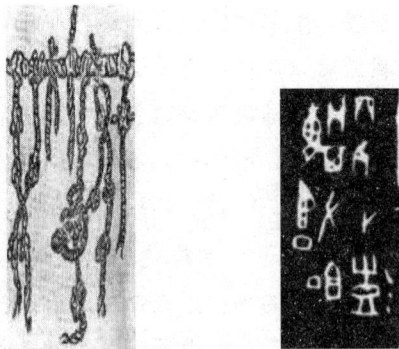

图 6-1　结绳记事和甲骨文记事的比较

这里，甲骨文记事：丙辰卜，彭贞，其又祖丁，惠翌日。祖丁，合文。"又祖丁，惠翌日"，即惟翌日又祖丁。丙辰的翌日是丁巳，即在丁日保佑祖丁。祭日与庙号相符。结绳记事不记录口语，缺乏符号的抽象性。

　　第三，文字促进了书面语的产生。没有文字，就没有书面语。书面语不等于书面语体。口语和书面语是基于语言载体而区分的语言类型。书面语是指以文字为载体的语言。它是在文字产生之后才出现的语言形式。世界上绝大多数的民族都有自己的书面语，因此也只有识字的人才认识书面语。没有文字的民族也就没有书面语。口语语体和书面语体是基于语体风格而区分的语体类型。书面语体是由口语语体发展而形成的语体。口语语体的风格特点是句子较短，具有跳跃性。书面语体一般比较严密，句子较长，词汇量比较丰富。书面语体不一定必须以书面形式出现，比如政府工作报告是书面语体，但由总理亲自诵读。文字是否是书面语体产生的必要前提，也不确定。在文字未产生之前，语体是存在的，比如部落首领在大会上的讲话，一些祈祷语言，一些占卜语言，是经过酝酿加工的，这些语言不同于一般的口语语体，是书面语体的雏形。

　　文字的出现，衍生出与文字有关的书法、字谜、测字等文娱活动。

　　书法在中国是一门独特的传统艺术。先人发明了毛笔书法，后来又发明了硬毛笔书法、指书书法等。狭义的书法是指用毛笔书写汉字的方法和规则。它涵盖了从执笔到运笔、从点画到结构、从布局到章法等多方面的内容。例如，执笔的要求是指实、掌虚、五指齐力，运笔的要求是中锋铺毫，点画的要求是意到笔随，结构的要求是以字立形、相安呼应，布局的要求是错综复杂、疏密得宜、虚实相生，章法的要求是贯气通顺、一气呵成。书法审美包括整字的形态美、点画的结构美、墨色的组合美。王羲之认为："字之形势不得上宽下窄"；点"或如蝌蚪，或如瓜瓣，或如栗子，存若鹗口，尖如鼠矢"；"横则正，如孤舟之横江渚"；"竖则直，若春笋之抽寒谷"；"作撇不宜迟，像鸟低空疾下，一掠而过"；"捺不宜缓，状似刀切，缓则失力"；折"回角不宜峻，或作棱角"；钩"上则俯而过，下则曲而就"。苏东坡说："书必有神、气、骨、血、肉，五者缺一，不为成书也。"黄庭坚认为："《兰亭》虽是真行书之宗，然不必一笔一画以为准"；"心能转腕，手能转笔，书写便如人意。古人工书无他异，但能用笔耳。"启功认为："至于点划万态，骨体千姿，字字精工，丝丝入扣者，必以唐人为大成焉。"林散之认为："用笔圆而无方，必滑。方笔方而不方，难写。可以内圆外方，不方不圆，亦方亦圆；过圆也不好，柔媚无棱角。正是：笔从曲处还求直，意到圆时觉更方。写字，要讲究笔法和墨法，讲究执笔，讲究指功、腕功和肘功。"据说，仓颉是汉字鼻祖，李斯是小篆鼻祖，程邈是隶书鼻祖，钟繇是楷书鼻祖，刘德升是行书鼻祖，张芝是草圣，王羲之是书圣，王献之是小书圣，卫夫人是"书圣"的启蒙老师。

字谜是中国特有的一种文字游戏活动，也是汉字特有的一种文化娱乐现象。它是根据汉字笔画繁复，偏旁相对独立，结构组合多变的特点，运用离合、增损、象形、会意等多种方式创造设制的文字游戏。字谜结构包括谜面和谜底。譬如，合成法，一月七日，脂。一加一，王。九号，旭。七十二小时，晶。加字法，有耳听不见，龙。见人就笑，竺。减字法，夫人莫入，二。一了百了，白。离合法，给一半留一半，细。彼此各一半，跛。暗示法，天没有地有，我没有他有，也。走在上边，坐在下边，堆在左边，挂在右边，土。附会法，左是山，右是山，上是山，下是山，山连山，山靠山，山咬山，不是山，田。

测字是一种根据问卜人写字的一种占卜方式。测字是占卜的一种，它的意义是为了帮助人们对未来可能遇到的未知事件作出事前的一些准备和参考。当然，测字不起决定性的作用，只是起辅助性的作用。装头测法，戊（茂），里（童）。接脚测法，采（悉、释、番），千（秀、壬）。穿心测法，旦（里、车、叟），弓（弗）。包笼测法，贝（遗、测），矢（族、痴）。破解测法，鲈（田、申、炉、鱼、火），琳（林、瑞、麻）。添笔测法，巴（色、绝、疤、邑），才（财、木、牙）。减笔测法，宽（见），莫（草）。对关测法，先（牛头虎足），善（美头喜足）。摘字测法，哉（土），殿（共），调（吉）。

第二节　文字类型学

文字的类型指标体系包括部件、字形特征、使用群体、历史渊源、文字与语言的关系等。

一、按部件分类

汉字按照部件，分为独体字和合体字。"文字"二字，合取，皆指语言的书写系统；析取，文是独体字，字指合体字。

"文"的本义是鸟兽的足迹，隐喻引申为独体字。《说文解字》说："文，错画也，像交文""观鸟兽之文""盖依类象形，故谓之文""文者，物象之本"。独体字是只有一个部件的汉字，它是一个囫囵的整体，切分不开，从图画演变而成。独体的象形字和指事字是构成合体字的基础。如日、月、山、水、牛、羊、犬、佳、人、止、子、戈、矢等都是独体的象形字；如天、立、上、下、一、二、三、亖（四）、见、臣等都是独体的指事字。独体象形字，通过描摹特定事物的轮廓来表示语义所记录的该事物特征，如"日、鸟、鱼、月、鹿、羊"等字，它们的甲骨文形体，也就像这些物的基本形状。

"字"的本义是生孩子。《说文解字》说："字，乳也。从子在宀下，子亦声""其后形声相益，即谓之字""字者，言孳乳而浸多也"。合体字，就是由两个或两个以上部件组成的汉字。合体字有两种：一种是从组合的两个成分上来显示字义。如"伐"字从人从戈，表示以戈伐人；"取"字从又从耳，表示捉取一个人；"休"字从人从木，表示人倚着树木。这类字文字学上称为会意字。另外一种是两个字组合在一起，一个字表示义类，一个字表示字音。如"河"为水名，从水可声；"张"字指张弓，从弓长声；"经"字指经纬，从糸坙声；"球"字指玉球，从玉求声。这类字文字学上称为形声字。在现代常用的汉字里形声字占90%以上。合体字也包括少量的象形字，即尽管也画出了事物的轮廓，但还需要借助于有关的主体事物来帮助表义，否则就表义不清楚，不知道所象何物，如"眉、果、牟、瓜、泉"等。合体字包括红双喜字在内的连体字，称之为"吉利字""吉语字"和"吉祥合体字"，其源头可追溯至先秦时君主用来传达命令或征调军队的符文，通常是把几个篆字合并在一起，刻在竹或木上，再剖为两半，双方各执一半，合之以验真假。

二、按照字形特征分类

按照字形特征，文字分为图画文字、象形文字、楔形文字（钉头字）、方块字、线形文字。

图画文字是字形像图画的文字，带有少量的艺术想象和审美。图画文字的典型是东巴文，是居于西藏东部、云南北部的人所使用的一种文字。东巴文主要见于纳西族的宗教经典书籍《东巴经》。东巴的意思是智者，东巴文就是指智者的文字。

图 6-2　图画文字东巴文

象形文字是字形图像较为抽象的文字。象形文字的典型是古埃及圣书体。圣书体又称碑铭体或正规体或埃及象形文字，是古埃及人使用的一种文字体系，由图形文字，音节文字和字母构成。它是最早的文字形式之一，书写正规，图画性强，使用时间一般认为是公元前 3000 年到公元 4世纪。

图 6-3　象形文字圣书体

钉头文字也叫"楔形文字"或"箭头字"。笔画成楔状，颇像钉头或箭头。约公元前 3000 年左右由两河流域苏美尔人所创造。阿卡德人、巴比伦人、亚述人、赫梯人、波斯人等，都曾使用这种文字书写自己的语言。它也是各古国间交换外交文书的通用文字。古代西亚所用文字多刻写在石头和泥版（泥砖）上。楔形文字是古代两河流域的文字。因当地的书写工具是以泥版当"纸",以削成三角尖头的芦苇秆或小木棒当"笔",书写出的文字笔画形状像木楔,所以称"楔形文字"。最初"楔形文字"是象形文字,后演变为表意文字和表音文字。这种文字使用了数千年,留下了不少泥版文书。公元前后逐渐被字母文字所取代。

图6-4 钉头字

汉字称之为方块字,这是中国几千年来汉字书写规范的传统结论。由于人们为了把字写得整齐美观,就在所写的材料上画上方格,在方格内写字。宋代活字印刷术出现后,人们就在规则方块模字中造字,特别是近代出现的书写速度较慢的仿宋体、黑体、宋体,字体四棱方正,清晰易认,所以书籍报刊大量使用,以至于使人们依据原有观念上的方格和近代制造出来的方形字,便认为所有汉字都是方块字,手写体的篆、隶、楷、行也就称为方块字了。

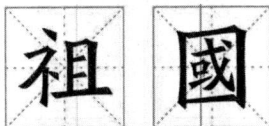

图6-5 方块字

线形文字,专指线形文字A和线形文字B。A文字是克里特文明使用的文字(未破译),B文字是迈锡尼文明使用的文字(已破译)。此二种文字同属爱琴海文明,最早可追溯至公元前30世纪。英语虽然不属于线形文字,但其所用的拉丁字母则是从这种文字演化而来。在希腊克里特岛发现的泥版残片，有两种文字形式，被称为线形文字 A 和线形文字 B。线形文字 B 于 1952 年被文特里斯 Michael Ventris 破译，证明其为希腊语的一种古代形式，使用于迈锡尼文明时期。而线形文字 A 则至今未被破解。它的破解是考古学上的"圣杯"。

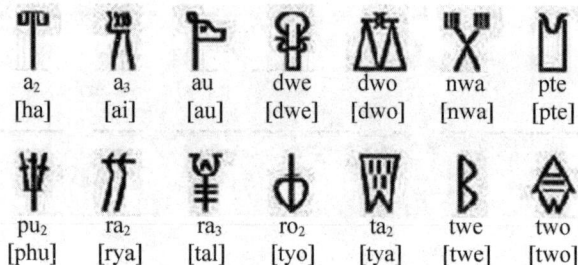

a₂	a₃	au	dwe	dwo	nwa	pte
[ha]	[ai]	[au]	[dwe]	[dwo]	[nwa]	[pte]
pu₂	ra₂	ra₃	ro₂	ta₂	twe	two
[phu]	[rya]	[tal]	[tyo]	[tya]	[twe]	[two]

图 6-6　线形文字 B

三、按照使用群体分类

按照使用群体，文字分为官方文字和民间文字。汉字历史上，甲骨文、金文、大篆和小篆、隶书、楷书都是官方文字，草书、行书、女书等，都是民间文字。近人郭沫若《古代文字之辨证的发展》认为："篆者，掾也，掾者，官也。汉代官制，大抵沿袭秦制，内官有佐治之吏曰掾属，外官有诸曹掾吏，都是职司文书的下吏。故所谓篆书，其实就是掾书，就是官书。

图 6-7　官书石鼓文

四、按照历史渊源分类

按照历史渊源，文字分为自源文字和他源文字。不依傍其他文字而独立创造出来的文字叫自源文字。汉字就是一种自源文字。这是就文字创设的类型来说的，相对应的叫借源文字，也有的版本叫他源文字，即指依傍着其他文字而创设的文字，如日语，其中的假名就是借源于汉字的草书。自源文字包括古中国的汉字、古埃及的圣书字、居住在古美索不达米亚的苏美尔人的楔形字和中美洲的玛雅文字，还有中国彝族的彝文也是自源文字。

五、按照字符与语言的关系分类

文字是由字符构成的。字符分为意符、义符和音符。音符记录语音。意符记录词语反映的物体意象。义符记录词语的意义。根据字符的性质，文字分为象形文字、表义文字、义音文字和表音文字。这样，按照字符的性质，文字的发展分为四个阶段。

象形文字	意符	东巴文
表义文字	义符	圣书体　楔形文字　甲骨文
义音文字	义符和音符	现代汉字
表音文字	音符	英文

图 6-8　文字的字符类型

文字发展分为四个阶段：第一阶段，即初级阶段，象形文字。字符是意符，记录词语所反映的物体形状，例如东巴文。第二阶段，即发展阶段，表义文字。表意文字的字符是义符。根据义符记录的语言单位，表意文字分为语素文字、表词文字和表句文字。世界古代四大文字体系包括古巴比伦的楔形文字、古埃及的圣书体、中国的甲骨文和古印度的印章文字，它们都是表意文字。甲骨文是语素文字。第三阶段，即高级阶段，义音文字。意音文字的字符分为义符和音符两种。在汉字里，广义的字符包括汉字的三级结构单位即笔画、部件（即偏旁）和整字。狭义的字符是指偏旁，分为形旁和声旁。现代汉字里，形声字占 90% 以上。因此，有人认为，汉字是意音文字。但是，汉字的声旁绝大多数是从形旁演变而来的。因此，很多人认为，汉字就是表意文字。第四阶段，即完善阶段，表音文字。

第七章　汉字文化圈

在埃及象形文字、苏美尔楔形文字、印度印章文字和中国甲骨文等四大古典文字体系形成之后，文字慢慢出现两种取向：一种是闪米特字母因应商业而产生，另一种是中国的金文、竹简、帛书等因应制造业而产生。字母和汉字体现两种不同的思维方式和普世价值。字母体现的是演绎，汉字体现的是归纳。字母体现的是个体的创造价值，汉字体现的是个体的生存价值。

汉字是世界上现存的独一无二的自源文字。究其原因，主要是因为中国人口众多、民族众多。汉字是维护民族团结、国家统一的重要工具，是维系中华文化的重要符号系统。中国人有家国情怀。汉字不废，中华不亡，是中国人的生存文化信条。与英文文化圈的实用工具理性不同，汉字文化圈的价值取向是个体生命意义。每一个汉字都有自己的独立的音节和意义。本质上，汉字文化是尊重个体独立自主的符号文化。这是汉字兴旺发达的内在因素。

第一节　世界文字体系

整个西方世界使用的字母表都来自于原始闪米特语的字母表。从当代语言学的角度上来讲，闪米特语族属于闪含语系。阿拉伯人、犹太人及叙利亚人都是闪米特人。今天生活在西亚北非的大部分居民，就是阿拉伯化的古代闪米特人的后裔。世界三大一神教犹太教、基督教、伊斯兰教，三者关系非常密切。它们都发祥于中东的闪族即闪米特人，原属同一个先民；都反对偶像崇拜、多神崇拜，只信仰一个主宰宇宙万物、至高无上的造物主；三教在耶路撒冷都有圣迹，都自称是自己的圣城。但同时，三教又成为中东问题的主要症结。频繁的宗教和商业活动，也是中东问题的根源。字母，应商业活动而生，成为人类最伟大的文化创造之一。

一、世界文字发展路径图

我们只有在世界文字发展路径图上，才可以找到汉字与众不同的历史轨迹。

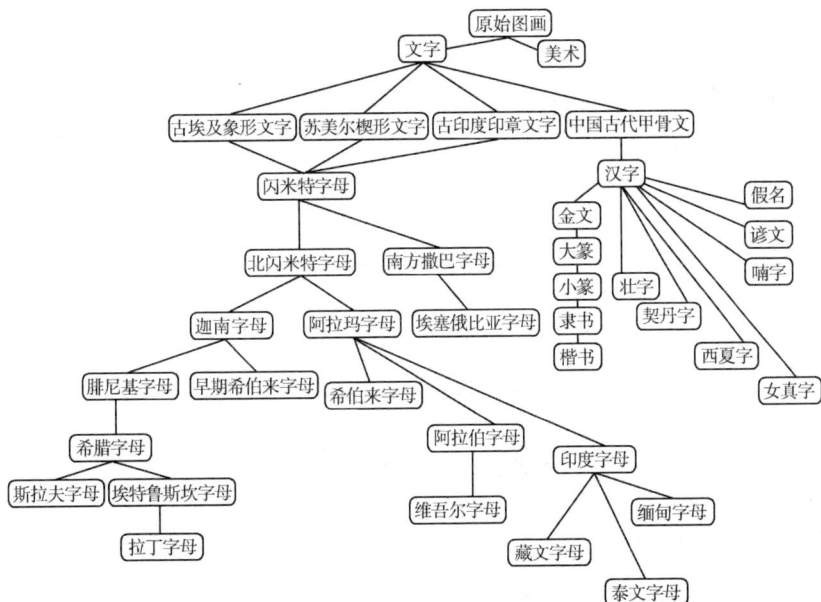

原始图画
文字
美术
古埃及象形文字　苏美尔楔形文字　古印度印章文字　中国古代甲骨文
闪米特字母
汉字
金文　大篆　小篆　隶书　楷书　壮字　契丹字　西夏字　女真字　假名　谚文　喃字
北闪米特字母　南方撒巴字母
迦南字母　阿拉玛字母　埃塞俄比亚字母
腓尼基字母　早期希伯来字母　希伯来字母
希腊字母　阿拉伯字母　印度字母
斯拉夫字母　埃特鲁斯坎字母　拉丁字母
维吾尔字母
藏文字母　缅甸字母　泰文字母

图 7-1　世界文字发展路径图

从世界视野看文字，我们发现：中国人从甲骨文发展出金文的时候，西方从埃及象形文字发展出闪米特字母。这是汉字与西方文字分道扬镳的关键期。金文是指铸造在殷周青铜器上的铭文，也叫钟鼎文。商周是青铜器的时代，青铜器的礼器以鼎为代表，乐器以钟为代表，"钟鼎"是青铜器的代名词。金文的内容是关于当时祀典、赐命、诏书、征战、围猎、盟约等活动或事件的记录，都反映了当时的社会生活。中国在夏代就已进入青铜时代，铜的冶炼和铜器的制造技术十分发达。因为周朝把铜也叫金，所以铜器上的铭文就叫作"金文"或"吉金文字"；又因为这类铜器以钟鼎上的字数最多，所以过去又叫作"钟鼎文"。古代闪米特商人繁忙，没时间和精力学习繁杂的埃及象形文字和两河流域的楔形文字，因此对之进行简化，创制出闪米特字母。金文和闪米特字母的出现，是不同的产业形态造成的。中国人口众多，历来注重制造业，西方地广人稀，注重商业。

总之，文字适应各地的不同人口而有不同的发展取向。

二、世界四大古文字体系

四大文明古国是是古埃及、古巴比伦、古印度和中国。共同特点是：都是在大河流域、都发明了自己的文字、以农业为主的自给自足的自然经济、有较完备的社会等级制度、神权信仰。在人类的历史长河中，公元前3500年左右古苏美尔的楔形文字和古埃及的象形文字、公元前2000年左右的古印度河流域的印章文字和公元前1300年左右中国的甲骨文，共同形成了世界四大古文字体系。唯有中国的甲骨文穿越时空，至今仍在使用并且充满活力。美洲玛雅文字大约产生于公元前的不久，发现最早的文献出现在公元230年左右，也没有形成丰富的文化遗产，因此，不算在四大古文字之内。但是，玛雅文字是图形式的，就字形而言，玛雅文字是古老的文字。就历史和影响而言，玛雅文字算不上世界四大古文字体系之一。

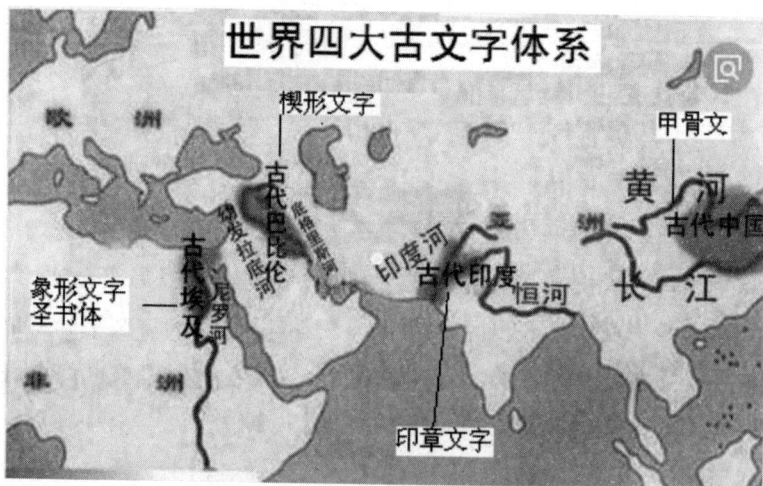

图 7-2　世界四大古文字体系

（一）两河流域的楔形文字

起源于美索不达米亚特殊的渔猎生活方式，由苏美尔人于公元前35至31世纪左右所创，是已知世界上最古老的文字比甲骨文早两千年。楔形文字在西亚流行的时间长达三千年，后来，腓尼基商人在埃及象形文字基础上发明了腓尼基字母文字。从此字母文字走上历史舞台。时间约在公元前1500年左右。现在的字母文字，几乎都可追溯到腓尼基字母，如希伯来字母、阿拉伯字母、希腊字母、拉丁字母等。腓尼基字是辅音字母，没有代表元音的字母或符号，字的读音须由上下文推断。古代腓尼基，并非一个国家，而是一个地区，大约相当于今黎巴嫩地域。下面是楔形文字的发音图示。

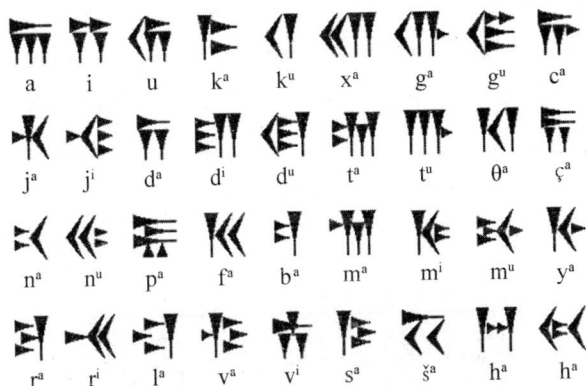

图 7-3　楔形文字的发音图示

（二）古埃及象形文字

圣书字，创始于公元前 3000 年埃及第一王朝，在公元 425 年后开始衰亡，目前仅存于古埃及的遗址中。古埃及文字并没有直接延传至今，而是变异发展出字母文字。

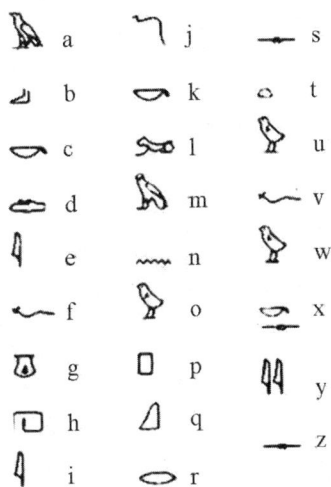

图 7-4　古埃及象形文字

117

（三）古印度的印章文字

古代印度河流域已有文字，大多刻在石头或陶土制成的印章上，因此称为印章文字。迄今已发掘的印章共有两千多枚。其中很多符号是象形的，可能还处在象形文字阶段，但又因有表音节和重音的符号，所以也被认为是向字母文字过渡的表音文字。经科学测定，这是一些处在公元前2300—前1750年的远古文明的文字。这一消息刚一传出便震惊全世界，因为这比吠陀文明要早出现一千多年。这些符号一般由直线条组成，字体清晰，基本符号有22个。在印章上还有雕画，这种雕画和文字是什么关系还不清楚，根据学者推测，这些铭文可能是印章主人的姓名和头衔等，雕画可能是他们崇拜的事物。

图 7-5　古印度雕画

（四）中国甲骨文

甲骨文是中国的一种古代文字，最早在龙骨上发现，是汉字的早期形式，有时候也被认为是汉字的书体之一，也是现存中国王朝时期最古老的一种成熟文字。甲骨文，又称"契文""甲骨卜辞""殷墟文字"或"龟甲兽骨文"。甲骨文记录和反映了商朝的政治和经济情况，主要指中国商朝后期（前14～前11世纪）王室用于占卜吉凶记事而在龟甲或兽骨上契刻的文字，内容一般是占卜所问之事或者是所得结果。殷商灭亡周朝兴起之后，甲骨文还使用了一段时期，是研究商周时期社会历史的重要资料。甲骨文其形体结构已有独立体趋向合体，而且出现了大量的形声字，已经是一种相当成熟的文字，是中国已知最早的成体系的文字形式。它上承原始刻绘符号，下启青铜铭文，是汉字发展的关键形态，被称为"最早的汉字"。

二、现代世界文字体系

现代世界有五种主要文字体系：拉丁字母、阿拉伯字母、斯拉夫字母、印度文字和汉字，分为两大类：字母类文字体系和汉字类文字体系。原始人发展出的图示和表意符号是如今现代字母的原型，比如楔形文字和象形文字。最早的字母，是东闪米特人（现代分类称之为闪米特北支）使用的一种早期的象形文字的组合，大约出现在公元前 1700 至 1500 年间。

图 7-6　现代世界文字体系

（一）拉丁字母

拉丁字母是世界上最为广泛使用的字母文字体系。是大部分英语世界和欧洲人聚居区语言的标准字母。拉丁字母是意大利半岛最早的岛民拉丁人创造的，拉丁文后来也成了罗马文字，所以，拉丁字母又称为"罗马字母"。拉丁字母源自希腊字母，而希腊字母源自腓尼基字母。腓尼基字母主要是依据古埃及的图画文字制定的。腓尼基人是历史上一个古老的民族，自称为迦南人，是西部闪米特人的西北分支，生活在今天地中海东岸，相当于今天的黎巴嫩和叙利亚沿海一带，他们曾经建立过一个高度文明的古代国家。古代希腊原本有自己的文字。克里特文明（前 2000—前 1540 年）早期，在克里特岛曾出现过象形文字，后来演变为线形文字，称线形文字 A，但这两种文字都没有释读成功。到了迈锡尼文明时期（前15—前12世纪），在克里特岛和希腊半岛南部地区的一些城市出现了一种新的线形文字，称为线形文字 B，20世纪50年代已释读成功，证明线形文字 B 书写人的是希腊语。随着迈锡尼文明的衰落，线形文字 B 也随之消亡。大约公元前11世纪，腓尼基字母传到希腊。

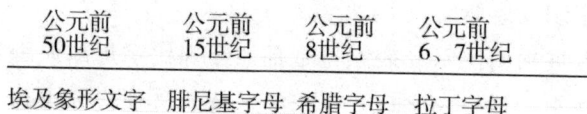

公元前 50世纪	公元前 15世纪	公元前 8世纪	公元前 6、7世纪
埃及象形文字	腓尼基字母	希腊字母	拉丁字母

图 7-7

（二）阿拉伯字母

阿拉伯字母为阿拉伯语的书写形式，除了阿拉伯语之外，世界上（尤其是伊斯兰教势力比较兴盛的地区）尚有别的语言使用阿拉伯字母拼写，如波斯语、普什图语、维吾尔语等。阿拉伯字母的发展路径是：腓尼基字母 > 阿拉姆字母 > 纳巴泰字母 > 阿拉伯字母。公元5世纪，阿拉伯人在沙漠中游牧，接触到了邻近的纳巴泰人，于是就用纳巴泰字母写阿拉伯语，发展出了阿拉伯字母。

（三）西里尔字母

西里尔字母源于脱胎自希腊字母的格拉哥里字母，使用西里尔字母的国家目前使用西里尔字母的文字不少是斯拉夫语族的语言，包括俄罗斯语、乌克兰语、卢森尼亚语、白俄罗斯语、保加利亚语、塞尔维亚语、马其顿语等。

（四）汉字

汉字是迄今为止连续使用时间最长的文字，也是上古时期各大文字体系中唯一传承至今的文字，中国历代皆以汉字为主要官方文字。汉字在古代已发展至高度完备的水准，不单中国使用，在很长时期内还充当东亚地区唯一的国际交流文字，20世纪前都是日本、朝鲜半岛、越南、琉球等国家官方的书面规范文字，东亚诸国都有一定程度地自行创制汉字。

（五）印度文字

印度文字主要是指印地语的天城体。印地语使用天城文字母书写。天城文是一种元音附标文字，辅音自身带有一个固有的缺省跟随元音。

当辅音与其他元音拼写时，用额外的符号标注。文字从左向右书写，由顶杠把字母连接起来。目前，天城体用来拼写印地语、梵语、尼泊尔语等语言。

第二节　汉字文化圈

与英文文化圈的实用工具理性不同，汉字文化圈的价值取向是个体生命意义。每一个汉字都有自己的独立的音节和意义。本质上，汉字文化是尊重个体独立自主的符号文化。这是汉字兴旺发达的内在因素。曾用汉字书写历史并在文字上受汉字影响的国家（民族），主要包括越南（册封为安南或越南）、朝鲜（明朝册封为朝鲜）、倭（唐朝册封为日本）、泰国、蒙古和琉球。越南语、朝鲜语和日本语三语的书写字有六成源于汉字。其中蒙古在清朝被清政府严禁使用汉字而脱离汉字文化圈。汉字在汉朝时传入雒越地区（而雒越信史不早于秦朝设置象郡），使用至 12 世纪，13 世纪时出现喃字与汉字一并使用，17 世纪法国传教士用拉丁字母设计出了"国语字"来书写雒越人的言语，至 20 世纪废除汉字和喃字。但汉字何时传入朝鲜和日本难以考证，15 世纪朝鲜王李裪设计出韩文字，至 20 世纪废除汉字，而日本于 7 世纪设计出了假名并同汉字使用至今。清朝时期随着西方中心论的崛起，汉字文化圈逐渐去汉化，但随着东亚的再度崛起，学习汉字文化的优势又再度被重新审视。

一、假名

假名是日语的表音文字。"假"即"借"，"名"即"字"。意即只借用汉字的音和形，而不用它的意义，所以叫"假名"。汉字为"真名"。假名主要分为"平假名"和"片假名"两种。平假名源于汉字草书，正式使用约从公元 9 世纪起；片假名源于汉字楷书，正式使用约从公元 10 世纪起。早期的日语没有文字系统，自汉字传入日本，日语开始用汉字来书写。当时的日语文字系统和今天的汉语文字系统一样都是单一的，不过，日语的文字系统并没有停留在这一状态。约公元 9 世纪，日本人以中国汉字为基础创造了假名。平假名和片假名本身没有意思。只有假名的组合成单词才具有含义，平假名用于常用的标准的日语本来的单词和日语汉字的标音

（相当于拼音），片假名大多用于外来语和专门用途，如广告，公共标志等。一般来说平假名是用来书写日语词的（包括一般的汉字标注），片假名是用来书写外来专有名词的（所谓外来语）。

二、谚文

谚文也称朝鲜谚文、韩国谚文，是指朝鲜语的表音文字。谚文是一种参考借鉴汉字方体形态的方块拼音文字，历史记载，15世纪李氏朝鲜世宗国王遣人完成《训民正音》，创造朝鲜拼音文。以前朝鲜民族是一直借用汉字来纪录他们语言的文字，因为汉语与朝鲜语属于两个不同的语系，汉字是世界上为数不多的表意文字。而朝鲜人民与早期的日本借用汉字一样，只是将汉字记录语言，汉字并不能完全准确地表达朝鲜语音的含义，能够学习和使用汉字的多是贵族阶层，普通民众则很难接触到。所以在数世纪间未能成为主流文字，只起辅助作用（就如汉语拼音体系对于汉字起辅助作用）。谚文因识读和书写简单，多在没有受过正规教育的朝鲜人群中使用。20世纪初期朝鲜被日本吞并后，民族主义的兴起让韩国人开始排斥在朝鲜半岛流行了许久的汉字，谚文也成为主要书写文字之一，谚文、汉字开始混用。1970年前期即朴正熙时期下令韩文教育而抹去汉字，但因为谚文同音词多而容易混淆语义，后来又出现谚汉混用趋势。

三、喃字

喃字又称字喃，狭义指的是越南主体民族京族曾经使用过的文字，是汉字型孳乳文字中的一种。喃字也泛指越南国内出现汉字形体的文字，包括越南主体民族京族记录京语（越南语）的越喃字、岱依族记录岱依语的岱喃字（在中国又被称作岱音古壮字，记录壮语南部方言）和瑶族记录瑶语的瑶喃字（在中国又被称作方块瑶文）。越南在长期使用汉字的同时，就假借汉字和仿效汉字结构原理和方法，依据京语的读音，创造了这种文字。6世纪开始盛行。分为假借喃字、形声喃字和会意喃字。法国人侵之后出现拼音文字，1945年之后拼音文字"国语字"正式取代喃字。越南喃字多数时期只用于民间，正式文字一般都是汉字。有几个短暂的时期，以喃字为正式文字。汉字跟喃字并行于民间，称为汉喃文。《金云翘传》

等作品多为汉喃文写成。

汉字的发展前途有三种可能情况：坚持自身的形音义特点；发展出汉字式字母；换为闪米特字母系列。我们的判断是，作为尊重个体独立自主的符号文化，汉字属于历史，属于现在，更属于未来。

附录一　19 种常见语言文字规范和标准

中华人民共和国国家通用语言文字法（2000 年 10 月）

通用规范汉字表（2013 年 6 月）

部分计量单位名称统一用字表（1977 年 7 月）

现代常用独体字规范（2009 年 3 月）

现代常用部件及部件名称规范（2009 年 3 月）

汉字部首表（2009 年 1 月）

第一批异形词整理表（2001 年 12 月）

汉语拼音方案（1958 年 2 月）

汉语拼音字母名称读音对照表（1982 年 8 月）

汉语拼音正词法基本规则（2012 年 6 月）

中国人名汉语拼音字母拼写规则（2011 年 10 月）

中国地名汉语拼音字母拼写规则（汉语地名部分，1984 年 12 月）

中国省级行政区划名称汉语拼音字母缩写表（2005 年）

中国各民族名称的罗马字母拼写法和代码（1991 年 8 月）

中文书刊名称汉语拼音拼写法（1992 年 2 月）

文献工作——中文罗马字母拼写法（1982 年 8 月）

普通话异读词审音表（1985 年 12 月）

出版物上数字用法（2011 年 7 月）

标点符号用法（2011 年 12 月）

附录二　汉字常见 28 种笔画名称表

笔画	名称	例字
、	点	庆
一	横	玉
丨	竖	中
丿	撇	白
㇏	捺	叭
㇀	提	把
㇃	撇点	巡
㇄	竖提	浓
㇆	横折提	议
㇉	弯钩	承
亅	竖钩	水
㇄	竖弯钩	吨
㇂	斜钩	贱
㇃	卧钩	芯
㇇	横钩	泻
乛	横折钩	明
㇟	横折弯钩	究
㇉	横撇弯钩	哪

笔 画	名 称	例 字
㇡	横折折折钩	仍
㇉	竖折折钩	写
㇄	竖 弯	驷
㇟	横折弯	铅
㇆	横 折	扣
㇄	竖 折	汕
㇠	撇 折	运
㇅	横 撇	冰
㇌	横折折撇	健
㇔	竖折撇	传

附录三 汉字87种笔画名称表

序　号	笔　画	名　　称	例　字
1	一	短斜横	沣　三
2	一	短平横	汪　任
3	一	长平横	吐　征
4	一	长斜横	皂　宅
5	丨	短直竖	桂　址
6	丶	右斜竖	世　苫
7	丨	左斜竖	故　拱
8	丨	悬针竖	肝　钟
9	丨	垂露竖	补　沐
10	丿	平撇	迁　祈
11	丿	短斜撇	胜　泮
12	丿	长斜撇1	朴　秒
13	丿	长斜撇2	纹　斧
14	丿	竖撇1	厌　玥
15	丿	竖撇2	伙　驶
16	㇇	横撇1	字　茅
17	㇇	横撇2	泛　芝
18	㇇	横撇3	仅　玖

127

序 号	笔 画	名 称	例 字
19	㇄	竖折撇	砖 转
20	㇅	横折折撇	极 健
21	㇇	横折弯撇	达 辽
22	㇏	斜捺	叭 钛
23	㇏	平捺	庭 远
24	㇔	左点	忍 幂
25	㇔	右点	抖 雨
26	㇔	长点	杯 斥
27	㇕	左右点	冻 乐
28	㇕	相向点	弹 养
29	㇕	相背点	祺 六
30	㇕	合三点	彩 学
31	灬	连四点	糕 烈
32	冫	上下点	烬 咚
33	冫	竖两点	冯 况
34	氵	竖三点	沧 汪
35	冫	两对点	漆 黎
36	一	平提	蛮 妙
37	一	斜提	冻 垃
38	㇙	竖提1	苡 依
39	㇗	竖提2	呱 伍
40	㇗	竖提3	账 茛
41	㇋	撇提1	苧 纹

序　号	笔　画	名　　称	例　字
42	㇛	撇提 2	抬　宏
43	㇉	横折提	证　评
44	㇕	横折 1	叩　伍
45	㇕	横折 2	冱　柤
46	㇆	横折 3	组　值
47	㇖	竖折 1	汕　汹
48	㇖	竖折 2	芽　吨
49	㇗	竖折 3	忘　泄
50	㇗	竖折 4	欧　距
51	㇝	撇折 1	砗　栋
52	㇙	撇折 2	梅　姆
53	㇡	撇点 1	钕　籹
54	㇚	撇点 2	妹　妇
55	㇡	撇点 3	按　腰
56	㇄	竖弯 1	驷　牺
57	㇄	竖弯 2	遒　晒
58	㇟	横折弯	跺　沿
59	㇎	横折折	坰　凹
60	㇉	竖折折	萧　潇
61	㇄	竖弯钩 1	恼　芭
62	㇄	竖弯钩 2	狁　绳
63	㇈	横折弯钩 1	迄　芄
64	㇈	横折弯钩 2	肌　梵

序 号	笔 画	名 称	例 字
65	乁	横斜钩	汽 枫
66	乚	斜钩	钱 诚
67	⌣	卧钩	枞 铋
68	⅃	弯钩	籽 狗
69	亅	竖钩1	芋 呼
70	亅	竖钩2	叮 财
71	𠃍	横钩1	芡 嵌
72	一	横钩2	卖 鞡
73	╭	横折钩1	她 祂
74	𠃌	横折钩2	驷 鲡
75	𠃌	横折钩3	茵 物
76	𠃌	横折钩4	放 厉
77	𠃌	横折钩5	拘 荀
78	𠃌	横折钩6	词 茵
79	𠃌	横折钩7	咏 枏
80	𠄎	竖折折钩1	驰 蚓
81	𠄎	竖折折钩2	鸦 码
82	𠄎	竖折折钩3	佛 姨
83	𠃌	横折折折钩1	奶 扔
84	𠃌	横折折折钩2	烫 扬
85	𠃌	横折折折钩3	凸
86	阝	左耳钩	阿 陆
87	阝	右耳钩	邓 郊

附录四　汉字笔顺16条规则表

汉字规则		例字	笔画序列
基本规则	先横后竖	十	一丨
	先撇后捺	人	丿㇏
	从上到下	亏	一一㇉
	从左到右	孔	㇇丨㇇乚
	先外后里	月	丿㇆一一
	先外后里再封口中	日	丨㇆一一
	先中间后两边	小	亅丿丶
补充规则	带点的字	点在正上及左上先写点	门	丶丨㇆
		点在右上后写点	犬	一丿㇏丶
		点在里面后写点	瓦	一乚㇈丶
	两面包围结构的字	右上包围结构，先外后里	勺	丿㇆丶
		左上包围结构，先外后里	庆	丶一丿一㇏
		左下包围结构，先里后外	近	㇡丿一丶㇋丶
	三面包围结构的字	缺口朝上的，先里后外	击	一一丨凵
		缺口朝下的，先外后里	内	丨㇆丿㇏
		缺口朝右的，先上后下再右上	区	一丿㇏乚

131

附录五 汉字 201 部首名称

(1) 一 横部，

(2) 丨 竖部，

(3) 丿 撇部，

(4) 丶 点部，

(5) 乛 折部，

(6) 十 十（部）字头，

(7) 厂 厂（部）字头，

(8) 匚 区字框，

(9) 卜 卜（部）字头，

(10) 冂 同字框，

(11) 八 八（部）字头，

(12) 人 单人旁（人部），

(13) 勹 包字头，

(14) 儿 儿（部）字底，

(15) 匕 匕（部）字头，

(16) 几 几（部）字框，

(17) 亠 京字头，

(18) 冫 两点水，

(19) 冖 秃宝盖，

(20) 凵 凶字框，

(21) 卩 单耳旁，

(22) 刀 立刀旁（刀部），

(23) 力 力（部）字旁，

(24) 又 又（部）字旁，

(25) 厶 台字头，

(26) 廴 建之旁，

(27) 干 干（部）字旁，

(28) 工 工（部）字旁，

(29) 土 土（部）字旁，

(30) 艹 草字头，

(31) 寸 寸（部）字底，

(32) 廾 弄字底，

(33) 大 大（部）字头，

(34) 尢 尤字旁，

(35) 弋 弋（部）字框，

(36) 小 小（部）字头，

(37) 口 口（部）字旁，

(38) 囗 围字框，

(39) 山 山（部）字旁，

(40) 巾 巾（部）字旁，

(41) 彳 双人旁，

(42) 彡 三撇，

(43) 夕 夕（部）字旁，

(44) 夂 冬字头，

(45) 丬 壮字旁，

(46) 广 广（部）字框，

(47) 门 门（部）字框，

(48) 宀 宝盖头，

132

（49）辶　走之底，

（50）彐　寻字头，

（51）尸　尸（部）字框，

（52）己　己（部）字头，

（53）弓　弓（部）字旁，

（54）子　子（部）字旁，

（55）屮　出字头，

（56）女　女（部）字旁，

（57）飞　飞（部）字旁

（58）马　马（部）字旁，

（59）幺　幺（部）字旁，

（60）巛　三拐，

（61）王　王（部）字旁，

（62）无　无（部）字旁，

（63）韦　韦（部）字旁，

（64）木　木（部）字旁，

（65）支　支（部）字旁，

（66）犬　反犬旁（犬部），

（67）歹　歹（部）字旁，

（68）车　车（部）字旁，

（69）牙　牙（部）字旁

（70）戈　戈（部）字旁，

（71）比　比（部）字头，

（72）瓦　瓦（部）字旁，

（73）止　止（部）字旁，

（74）攴　反文旁，

（75）日　日（部）字旁，

（76）贝　贝（部）字旁，

（77）水　三点水（水部），

（78）见　见（部）字旁，

（79）牛　牛（部）字旁，

（80）手　提手旁，

（81）气　气（部）字头，

（82）毛　毛（部）字旁，

（83）长　长（部）字旁，

（84）片　片（部）字旁，

（85）斤　斤（部）字旁，

（86）爪　爪（部）字头，

（87）父　父（部）字头，

（88）月　月（部）字旁，

（89）氏　氏（部）字头，

（90）欠　欠（部）字边，

（91）风　风（部）字旁，

（92）殳　段字边，

（93）文　文（部）字旁，

（94）方　方（部）字旁，

（95）火　火（部）字旁，

（96）斗　斗（部）字旁，

（97）户　户（部）字头，

（98）心　竖心旁（心部），

*（99）毋　母（部）字底，

（100）示　示（部）字旁，

（101）甘　甘（部）字旁，

（102）石　石（部）字旁，

（103）龙　龙（部）字头，

（104）业　业（部）字头，

（105）目　目（部）字旁，

（106）田　田（部）字旁，

（107）罒　罗字头，

（108）皿　皿（部）字底，

（109）生　生（部）字旁，

（110）矢　矢（部）字旁，

（111）禾　禾（部）木旁，

（112）白　白（部）字旁，

（113）瓜　瓜（部）字旁，

（114）鸟　鸟（部）字旁，

（115）疒　病（部）字框，

（116）立　立（部）字旁，

（117）穴　穴（部）字头，

（118）疋　蛋字头，

（119）皮　皮（部）字旁，

（120）癶　登字头，

（121）矛　矛（部）字旁，

（122）耒　耕字旁，

（123）老　老（部）字头，

（124）耳　耳（部）字旁，

（125）臣　臣（部）字旁，

（126）西　西（部）字头，

（127）而　而（部）字旁，

（128）页　页（部）字旁，

（129）至　至（部）字旁

（130）虍　虎字头，

（131）虫　虫（部）字旁，

（132）肉　肉（部）字底，

（133）缶　缶（部）字底，

（134）舌　舌（部）字旁，

（135）竹　竹（部）字头，

（136）臼　臼（部）字头，

（137）自　自（部）字头，

（138）血　血（部）字旁，

（139）舟　舟（部）字旁，

（140）色　色（部）字旁，

（141）齐　齐（部）字旁，

（142）衣　衣（部）字旁，

（143）羊　羊（部）字头，

（144）米　米（部）字旁，

（145）肀　肃字头，

（146）艮　垦字头，

（147）羽　羽（部）字头，

（148）糸　绞丝旁，

（149）麦　麦（部）字旁，

（150）走　走（部）字旁，

（151）赤　赤（部）字旁，

（152）豆　豆（部）字旁，

（153）酉　酉（部）字旁，

（154）辰　辰（部）字头，

（155）豕　豕（部）字旁，

（156）卤　卤（部）字旁，

（157）里　里（部）字旁，

（158）足　足（部）字旁，

（159）阝　双耳旁，

（160）身　身（部）字旁，

（161）釆　悉字头，

（162）谷　谷（部）字旁，

（163）豸　豹字旁，

（164）龟　龟（部）字底，

（165）角　角（部）字旁，

（166）言　言（部）字旁，

（167）辛　辛（部）字旁，

（168）青　青（部）字旁，

（169）卓　朝字旁，

（170）雨　雨（部）字头，

（171）非　非（部）字头，

（172）齿　齿（部）字旁，

（173）黾　黾（部）字底，　　　　（174）隹　雄字边，

（175）阝　左耳刀，　　　　　　　（176）金　金（部）字旁，

（177）鱼　鱼（部）字旁，　　　　（178）隶　隶（部）字旁，

（179）革　革（部）字旁，　　　　（180）面　面（部）字旁，

（181）骨　骨（部）字旁，　　　　（182）韭　韭（部）字底，

（183）香　香（部）字旁，　　　　（184）鬼　鬼（部）字旁，

（185）食　食（部）字旁，　　　　（186）音　音（部）字旁，

（187）首　首（部）字旁，　　　　（188）髟　髦字头，

（189）鬲　融字旁，　　　　　　　（190）鬥　鬥（部）字框，

（191）高　高（部）字旁，　　　　（192）黄　黄（部）字旁，

（193）麻　麻（部）字头，　　　　（194）鹿　鹿（部）字头，

（195）鼎　鼎（部）字底，　　　　（196）黑　黑（部）字旁，

（197）黍　黍（部）字旁，　　　　（198）鼓　鼓（部）字头，

（199）鼠　鼠（部）字旁，　　　　（200）鼻　鼻（部）字旁，

（201）龠　龠（部）字旁。

参考文献

[1] 陈梦家. 殷墟卜辞综述 [M]. 北京：科学出版社，1956.

[2] 岛邦男. 殷墟卜辞综类 [M]. 东京：汲古书院，1971.

[3] 高明. 古文字类编 [M]. 北京：中华书局，1980.

[4] 郭沫若. 甲骨文字研究 [M]. 北京：科学出版社，1982.

[5] 何九盈. 汉字文化学 [M]. 沈阳：辽宁人民出版社，2000.

[6] 黄锡全. 汗简注释 [M]. 武汉：武汉大学出版社，1993.

[7] 黄天树. 殷墟卜辞的分类与断代 [M]. 北京：文津出版社，1991

[8] 力量，解正明. 记号字和引得字及"全八书"[J]. 徐州师范大学学报，2004（4）.

[9] 李丛芹. 汉字与中国设计 [M]. 北京：荣宝斋出版社，2007.

[10] 李零. 长沙子弹库战国楚帛书研究 [M]. 北京：中华书局，1985.

[11] 李学勤. 李学勤学术文化随笔 [M]. 北京：中国青年出版社，1999.

[12] 李运富. 楚国简帛文字构形系统研究 [M]. 长沙：岳麓书社，1997.

[13] 梁东汉. 汉字的结构及其流变 [M]. 上海：上海教育出版社，1959.

[14] 林沄. 古文字研究简论 [M]. 长春：吉林大学出版社，1986.

[15] 刘钊. 古文字构形学 [M]. 福州：福建人民出版社，2006.

[16] 刘家军. 晋以前的草势嬗变 [M]. 北京：中国社会科学出版社，2011.

[17] 裘锡圭. 文字学概要 [M]. 北京：商务印书馆，1988.

[18] 孙海波. 甲骨文编 [M]. 北京：中华书局，1965.

[19] 孙雍长. 转注论 [M]. 长沙：岳麓书社，1991.

[20] 唐兰. 中国文字学 [M]. 上海：上海古籍出版社，2005.

[21] 唐兰. 古文字学导论 [M]. 济南：齐鲁书社，1981.

[22] 唐兰. 殷墟文字记 [M]. 北京：中华书局，1981.

［23］王宏源．汉字形体源流［M］．北京：华语教学出版社，2000．

［24］杨树达．积微居小学述林［M］．北京：中华书局，1983．

［25］于省吾．甲骨文字释林［M］．北京：中华书局，1979．

［26］解正明．汉语语法语义应用研究［M］．北京：世界图书出版公司，2011．

［27］解正明．后现代语境下的汉字新比较优势［J］．淮阴师范学院学报（哲社版），2005（5）．

［28］徐中舒．汉语古文字字形表［M］．成都：四川人民出版社，1980．

［29］姚孝遂．殷墟甲骨刻辞类纂［M］．北京：中华书局，1989．

［30］詹鄞鑫．汉字说略［M］．沈阳：辽宁教育出版社，1991．

［31］朱德熙．朱德熙古文字论集［M］．北京：中华书局，1995．

后 记

　　我教了两届研究生和六届本科生的文字学课程，深深感到汉语汉字的博大精深。在《汉字国学》即将出版之际，我要特别提到的一点是：汉字是挖掘不尽的资源宝库，是所有中国人的知识财富。

　　我十分感谢吉林文史出版社的同志为本书出版所付出的一切辛苦劳动，感谢淮阴师范学院给予的大力支持，感谢文学院陈年高副院长、徐东海副教授的大力支持，感谢我的夫人李坚和我的儿子解光辉的大力支持。书中的一切遗漏和错误，由我本人负责。

解正明

2018 年 9 月 16 日于国家语委词典编写组